Steiner/Mittländer/Fischer (Hrsg.)

Mitbestimmung
Grundwissen für neue Betriebsratsmitglieder
Band 1

AUF DEN PUNKT

In der Reihe *Auf den Punkt* erscheinen 8 Bände mit *Grundwissen für neue Betriebsratsmitglieder*:

Band 1 Mitbestimmung
Band 2 Betriebsratssitzung und Beschlussfassung
Band 3 Betriebsversammlung
Band 4 Rechte und Pflichten als Betriebsratsmitglied
Band 5 Einigungsstelle und Arbeitsgericht
Band 6 Einführung in das Arbeitsrecht
Band 7 Betriebsvereinbarung
Band 8 Das Einmaleins der Betriebswirtschaft

Mit Online-Quiz unter
www.bund-verlag.de/Einsteiger-Quiz

Außerdem sind in der Reihe *Auf den Punkt* erschienen:

Michael Bachner (Hrsg.): BetrVG für den Betriebsrat
Christopher Koll / Maike Koll: Lexikon für den Betriebsrat

Steiner / Mittländer / Fischer (Hrsg.)

Mitbestimmung

Grundwissen für neue Betriebsratsmitglieder

Band 1

Autorin: Silvia Mittländer

4., aktualisierte Auflage

BUND
VERLAG

Bibliografische Information der Deutschen Nationalbibliothek
Die Deutsche Nationalbibliothek verzeichnet diese Publikation in der Deutschen Nationalbibliografie; detaillierte bibliografische Daten sind im Internet über *http://dnb.d-nb.de* abrufbar.

4., aktualisierte Auflage 2026

Umschlag: felixschramm Visuelle Kommunikation, Bochum
Satz: Dörlemann Satz, Lemförde
Druck: CPI books GmbH, Birkstr. 10, 25917 Leck

ISBN 978-3-7663-7591-9

kontakt@bund-verlag.de
www.bund-verlag.de

Inhaltsverzeichnis

Abkürzungsverzeichnis

Abs.	Absatz
AiB	»Arbeitsrecht im Betrieb«, Fachzeitschrift für den Betriebsrat, Bund-Verlag
AGG	Allgemeine Gleichbehandlungsgesetz
Art.	Artikel
AT	außertariflich
AÜG	Arbeitnehmerüberlassungsgesetz
BAG	Bundesarbeitsgericht
BetrVG	Betriebsverfassungsgesetz
BGB	Bürgerliches Gesetzbuch
BT-Drucksache	Bundestagsdrucksache
d. h.	das heißt
DSGVO	EU-Datenschutz-Grundverordnung
f.	folgende
ff.	fortfolgende
GG	Grundgesetz
GmbH	Gesellschaft mit beschränkter Haftung
Hrsg.	Herausgeber
JAV	Jugend- und Auszubildendenvertretung
KI	Künstliche Intelligenz
KSchG	Kündigungsschutzgesetz
LAG	Landesarbeitsgericht

Abkürzungsverzeichnis

Nr.	Nummer
Rn.	Randnummer
SBV	Schwerbehindertenvertretung
SGB	Sozialgesetzbuch
TzBfG	Teilzeit- und Befristungsgesetz
u. a.	unter anderem
z. B.	zum Beispiel

I. Einführung

Jetzt ist es so weit: die Betriebsratswahl ist erfolgreich geschafft; das erste Mal in den Betriebsrat gewählt! Vielleicht aber auch für ein ausgeschiedenes Mitglied das erste Mal als Vollmitglied in den Betriebsrat nachgerückt. So oder so: Eine spannende Zeit mit vielen interessanten Aufgaben steht bevor. Gleichzeitig bricht so viel Neues und Unbekanntes über einen herein.

> **Beispiele:**
> Der Betriebsrat soll Überstunden genehmigen; eine Betriebsvereinbarung abschließen, weil der Arbeitgeber eine Videokamera installieren will, die mit KI-Anwendungen arbeitet; über eine Versetzung beraten oder über eine Kündigung entscheiden. Begriffe wie Mitbestimmung und Mitwirkung fallen sowie die Frage, ob der Arbeitgeber alle notwendigen Informationen geliefert hat.

Kurzum: Ein riesiger Berg, der sich vor einem auftut, der unüberwindbar erscheint. Davor soll aber niemand zurückschrecken! Jedes Betriebsratsmitglied steht und stand am Anfang seiner ersten Amtszeit vor genau diesem Problem. Mutig die neue Aufgabe angehen, sich informieren und keine Angst haben Fragen zu stellen, dann klappt das! Auch wichtig: sich auf Schulungen fortbilden und sich auf diese Weise zusätzliches Wissen aneignen!

Rolle und Aufgaben des Betriebsrats

Noch bevor jeder Einzelne[1] anfängt, sich das notwendige Wissen für die Betriebsratsarbeit anzueignen, muss er sich die Rolle des Betriebsrats und damit die Aufgaben jedes Betriebsratsmitglieds verdeutlichen.

Dazu gibt § 2 BetrVG Auskunft:

---

1 In diesem Werk wird der Einfachheit halber nur die männliche Form verwendet. Die Form schließt selbstverständlich alle Geschlechter mit ein.

»Arbeitgeber und Betriebsrat arbeiten unter Beachtung der geltenden Tarifverträge vertrauensvoll und im Zusammenwirken mit den im Betrieb vertretenen Gewerkschaften (...) zum Wohl der Arbeitnehmer und des Betriebs zusammen.«

Das bedeutet, dass der Betriebsrat an den Entscheidungen, die der Arbeitgeber im Betrieb trifft und die die Arbeitsbedingungen der Beschäftigten beeinflussen, zu beteiligen ist und diese mitzugestalten hat. Dabei geht die Betriebsverfassung davon aus, dass zwischen den Interessen der Belegschaft und des Arbeitgebers naturgemäß Gegensätze bestehen, die ausgeglichen werden müssen.[2] Dem Betriebsrat kommt dabei die Rolle zu, durch Ausübung seiner Rechte den Ausgleich dieser Interessensgegensätze (mit-) zu gestalten. Der Betriebsrat ist damit **kein Bittsteller**. Er ist vielmehr Interessenvertreter, dem die Aufgabe obliegt, die Entscheidungen des Arbeitgebers auf Augenhöhe mit ihm zu beraten und mitzugestalten. Dabei hat er die Interessen der Beschäftigten wahrzunehmen. Auf diese Weise nimmt er Einfluss auf die Arbeitsbedingungen im Betrieb.
Welche Rechte dem Betriebsrat zur Wahrnehmung seiner Aufgaben als Interessenvertreter zur Seite stehen, regelt das Betriebsverfassungsgesetz (BetrVG). Diese Rechte sind sehr unterschiedlich ausgestaltet und unterschiedlich stark ausgeprägt. Nicht immer stehen dem Betriebsrat die rechtlichen Möglichkeiten zur Verfügung, die er sich vorstellt und nicht immer sind sie so stark, dass der Betriebsrat seine Vorstellungen durchsetzen kann. Deshalb ist es wichtig, die einzelnen Rechte und deren Reichweite zu kennen und im Verlauf der Zeit sowie mit zunehmender Erfahrung das Zusammenspiel dieser Rechte zu erlernen. Nur so kann er möglichst wirkungsvolle und durchsetzungsfähige Vorgehensweisen entwickeln, um auf die Beschäftigungsbedingungen im Betrieb zum Wohl der Belegschaft und der einzelnen Beschäftigten einwirken zu können.
Diese Broschüre gibt einen ersten **Überblick über die Aufgaben**, die der Betriebsrat hat und über die **rechtlichen Handlungsmöglichkeiten**, die ihm das BetrVG hierfür zur Verfügung stellt. Die hier vorliegende 4. Auflage berücksichtigt neben den Ergänzungen der Beteiligungsrechte, die durch das im Sommer 2021 in Kraft getretene Betriebsrätemodernisierungsgesetz eingetreten sind, auch die neuere Rechtsprechung, die seit 2022 ergangen ist.
Wenn in dieser Broschüre ein Paragraf genannt wird, sollte versucht werden, diesen in einer Textsammlung (z. B. in der »Arbeits- und Sozialordnung«, die sicher im Betriebsratsbüro steht) nachzulesen. Das BetrVG

2 BAG 11.11.1997 – 1 ABR 21/97.

hat eine Sprache, die mit ein bisschen Übung auch ohne Jura-Studium verstanden werden kann. Und kennt man die Systematik, wird es noch leichter. Die Systematik der Beteiligungs-, Mitwirkungs- und Mitbestimmungsrechte – also die rechtlichen Handlungsmöglichkeiten – des Betriebsrats erklärt die vorliegende Broschüre. In diesem Sinn also: Viel Erfolg bei den anstehenden neuen Aufgaben als Betriebsratsmitglied!

II. Allgemeine Aufgaben des Betriebsrats

1. Aufgabenbeschreibung im Betriebsverfassungsgesetz

Der Betriebsrat als Interessenvertreter

Der Betriebsrat ist Interessenvertreter. Er vertritt die **Interessen der Beschäftigten**. Das ist seine Rolle. Dies ist der Ausgangspunkt für die Wahrnehmung der Aufgaben des Betriebsrats und jedes einzelnen Betriebsratsmitglieds. Die Ausübung der Aufgaben des Betriebsrats und jedes einzelnen Mitgliedes soll und muss sich an dieser Aufgabe, der Vertretung der Interessen der Belegschaft und der einzelnen Beschäftigten, orientieren und ausrichten. Die Betriebsratsarbeit ist also vorrangig politisch, weil an den Interessen der Beschäftigten orientiert, definiert. Die Aufgaben bestimmen sich somit interessenorientiert an den Belangen der Beschäftigten im Betrieb. Doch welche Aufgaben hat der Betriebsrat?

Diese Frage beantwortet § 80 Abs. 1 BetrVG, in dem die Aufgaben des Betriebsrats in einem Katalog von neun Ziffern ganz allgemein beschrieben sind. Schaut man sich den Katalog an, erkennt man, dass die Aufgaben des Betriebsrats sehr vielfältig sind und sich auf soziale, wirtschaftliche und personelle Bereiche im Betrieb beziehen. Das bedeutet, dass die Aufgaben des Betriebsrats alle Themenfelder, die im Betrieb aufkommen können, umfasst. Im Einzelnen werden folgende Aufgaben genannt:

2. Überwachungsaufgabe

a. Umfang

§ 80 Abs. 1 Nr. 1 BetrVG

Eine wichtige Aufgabe des Betriebsrats ist darüber zu wachen, dass alle zu Gunsten der Beschäftigten geltenden Gesetze, Verordnungen, Unfallverhütungsvorschriften, Tarifverträge und Betriebsvereinbarung im Betrieb beachtet und eingehalten werden (§ 80 Abs. 1 Nr. 1 BetrVG). Diese Aufgabe wird als **Überwachungsaufgabe** des Betriebsrats bezeichnet. Der Betriebsrat hat damit die Aufgabe, zu kontrollieren, ob der Arbeitgeber die arbeitsrechtlichen Regelungen, die zum Schutz der Beschäftigten im Betrieb gelten, tatsächlich einhält. Zu den Regelungen, deren Einhaltung der Betriebsrat überwachen soll, gehören alle Gesetze, die den Beschäftigten Rechte einräumen. Das sind etwa:

- das Arbeitszeitgesetz,
- das Bundesurlaubsgesetz,
- das Arbeitsschutzgesetz,
- das Allgemeine Gleichbehandlungsgesetz,
- das Mutterschutzgesetz,
- das Teilzeit- und Befristungsgesetz,
- das Bundesdatenschutzgesetz und viele mehr.

Überwachen von Verordnungen

Der Betriebsrat hat nicht nur zu überwachen, dass der Arbeitgeber die Gesetze einhält. Auch die Einhaltung von Verordnungen, wie zum Beispiel die der Arbeitsstättenverordnung, unterliegen seiner Kontrolle.

Exkurs – Unterschied zwischen einem Gesetz und einer Verordnung:
Ein Gesetz wird vom Bundestag oder von einem Landtag gemacht. Eine Verordnung wird hingegen von dem fachlich zuständigen Ministerium erlassen und soll ein Gesetz konkretisieren. Gesetz und Verordnung werden also beide von staatlichen Organen gemacht.

Überwachen von Unfallverhütungsvorschriften

Der Betriebsrat hat auch die Einhaltung der für den Betrieb gültigen **Unfallverhütungsvorschriften** zu überwachen. Die Unfallverhütungsvorschriften werden nicht vom Staat erlassen, sondern von der Berufsgenossenschaft. Sie sind aber gleichwohl zum Schutz der Beschäftigten vor Arbeitsunfällen und zur Vermeidung von Berufskrankheiten einzuhalten, weshalb der Betriebsrat deren Einhaltung kontrollieren soll.

Überwachen von Tarifverträgen/Betriebsvereinbarungen

Damit sind aber noch nicht alle Regelungen aufgezählt, deren Einhaltung der Betriebsrat zu überwachen hat. Der Betriebsrat soll auch die Einhaltung der im Betrieb geltenden Tarifverträge und Betriebsvereinbarungen kontrollieren.

Exkurs – Tarifverträge:
Diese werden von den Gewerkschaften und den Arbeitgeberverbänden oder einzelnen Arbeitgebern abgeschlossen. Sie gelten im Betrieb dann, wenn der Arbeitgeber dem Arbeitgeberverband angehört oder mit einer Gewerkschaft einen einzelnen Tarifvertrag (letzteren nennt man dann Firmen- oder Haustarifvertrag) abgeschlossen hat.

Die Überwachungspflicht des Betriebsrats besteht aber auch, wenn ein **Tarifvertrag** wegen einer Allgemeinverbindlichkeitserklärung im Betrieb gilt oder wenn die Arbeitsverträge der Beschäftigten die Geltung der Tarifverträge regeln.
In Tarifverträgen werden Regelungen zu den Beschäftigungsbedingungen getroffen.

Beispiele:
- zur Dauer bzw. Umfang der Arbeitszeit,
- zur Höhe der Vergütung und Zulagen,
- zum Anspruch auf Urlaub,
- zur Dauer der Kündigungsfristen und vieles mehr.

Meistens sind die Regelungen in einem Tarifvertrag besser als die in den Gesetzen, sie räumen den Beschäftigten also bessere Rechte ein als die Gesetze. Es ist daher für ein Betriebsratsmitglied wichtig zu wissen, ob ein Tarifvertrag gilt und wenn ja welcher. Wer selbst Gewerkschaftsmitglied ist, hat einen Wissensvorsprung, denn er weiß selbst, ob und welche Tarifverträge im Betrieb Anwendung finden oder kann direkt bei seiner Gewerkschaft nachfragen. Wer nicht Gewerkschaftsmitglied ist, muss sich dieses Wissen auf andere Art beschaffen.
Der Betriebsrat hat darüber hinaus darauf zu achten, dass die Regelungen der im Betrieb geltenden Betriebsvereinbarungen beachtet und eingehalten werden.

Näheres zu Betriebsvereinbarungen in Band 7[3]

Exkurs – Betriebsvereinbarungen:
Diese werden zwischen dem Arbeitgeber und dem Betriebsrat abgeschlossen. Sie sind damit ein betrieblicher Vertrag. Sie regeln auch Arbeitsbedingungen und sind betriebsbezogen.

In einer Betriebsvereinbarung werden etwa geregelt:
- Beginn und Ende der täglichen Arbeitszeit (nicht aber der Umfang);
- ob in Schichten gearbeitet wird oder Gleitzeit möglich ist;
- Urlaubsgrundsätze, also Vereinbarungen darüber, wann und bei wem der Urlaub zu beantragen ist;
- ob der Arbeitgeber eine Videokamera aufstellen und was er mit den Aufnahmen machen darf.

Der Grundsatz, dass Verträge einzuhalten sind, gilt auch für Regelungen einer Betriebsvereinbarung.[3] Es gehört zu den Aufgaben des Betriebsrats, dies zu kontrollieren.

b. Grenzen des Überwachungsrechts

Kontrollfunktion durch den Betriebsrat

Der Betriebsrat hat die Aufgabe zu kontrollieren, ob der Arbeitgeber alle Regelungen einhält, die den Beschäftigten als Arbeitnehmer schützen oder ihnen ein Recht einräumen. Es ist dabei gleichgültig, um welche Art von Regelung es sich handelt. Sobald eine rechtliche Vorschrift den Beschäftigten ein Recht einräumt, hat der Betriebsrat darauf zu achten, dass der Arbeitgeber dieses Recht auch tatsächlich beachtet und es den Beschäftigten gewährt. Allerdings – und das ist eine Einschränkung der Möglichkeiten des Betriebsrats – weist § 80 Abs. 1 Nr. 1 BetrVG dem Betriebsrat nur die Aufgabe zu, die Einhaltung der Rechte zu kontrollieren; nicht aber die automatische bzw. gleichzeitige Möglichkeit, das Einhalten der Rechte auch durchzusetzen.
Nur in den Fällen, in denen das BetrVG (oder ein anderes Gesetz) dem Betriebsrat ausdrücklich das Recht einräumt, die Regelungen durchzusetzen, die zu Gunsten der Beschäftigten gelten, kann er dies gegebenenfalls mit Hilfe der Arbeitsgerichte tun.

Beispiel:
Ein solches könnte in einer Betriebsvereinbarung enthalten sein. Ist beispielsweise ein bestimmter Schichtrhythmus in einer Betriebsvereinbarung geregelt und erfährt er, dass der Arbeitgeber diesen nicht einhält, kann der Betriebsrat die Einhaltung des Schichtrhythmus einfordern und beim Arbeitsgericht durchsetzen.

Besteht ein solches Durchsetzungsrecht nicht, etwa weil das BetrVG oder ein anderes Gesetz ein solches nicht vorsieht, kann der Betriebsrat den Arbeitgeber darauf hinweisen, dass dieser die gesetzlichen Rechte der Beschäftigten verletzt und ihn auffordern, diese Rechte einzuhalten. Bei manchen Themen – wenn etwa die tägliche Höchstarbeitszeit von 10 Stunden pro Tag überschritten wird – kann der Betriebsrat hierzu mit Behörden oder Berufsgenossenschaften zusammenarbeiten, sofern seine betrieblichen Bemühungen erfolglos geblieben sind.

3 Eine Einführung zum Recht der Betriebsvereinbarungen bietet Band 7 dieser Reihe.

3. Antragsrecht des Betriebsrats

§ 80 Abs. 1 Nr. 2 BetrVG

Die nächste im BetrVG beschriebene Aufgabe ist sehr weit gefasst: Der Betriebsrat kann Maßnahmen beim Arbeitgeber beantragen, die der Belegschaft oder dem Betrieb dienen (§ 80 Abs. 1 Nr. 2 BetrVG). Dieses Antragsrecht ist umfassend und kann sich auf wirtschaftliche, personelle oder soziale Maßnahmen beziehen. Der Betriebsrat kann in diesem Rahmen also kreativ sein und Vorschläge unterbreiten, wie die Arbeitsbedingungen im Betrieb zu Gunsten der Beschäftigten verbessert werden können.

Beispiele:
- die Anregung, mehr Personal einzustellen;
- die Anregung, bestimmte Beschäftigte höher zu gruppieren;
- einen Vorschlag machen für eine konkrete Investitionsmaßnahme, die darauf gerichtet ist, die Qualität der Arbeitsergebnisse zu verbessern oder bestimmte belastende Arbeitsbedingungen abzumildern.

4. Förderung der Gleichstellung von Frauen und Männern

§ 80 Abs. 1 Nr. 2a BetrVG

Eine weitere wichtige Aufgabe ist es, die Gleichstellung von Frauen und Männern im Betrieb zu fördern, insbesondere bei der Einstellung, beim beruflichen Aufstieg und bei der beruflichen und betrieblichen Weiterbildung (§ 80 Abs. 1 Nr. 2a BetrVG). Dabei hat der Betriebsrat zum einen darauf zu achten, dass eine unmittelbare, also direkte, **Diskriminierung im Betrieb** unterbleibt, zum anderen sind auch mittelbare Diskriminierungen zu unterlassen. Das bezieht sich nicht nur auf die Inhalte der Tätigkeit, sondern auch auf die Vergütung der Arbeitsleistung und die beruflichen Entwicklungsmöglichkeiten einschließlich der Möglichkeiten zur Teilnahme an Weiter- und Fortbildungsmaßnahmen im Betrieb. Hierunter fällt auch die Aufgabe, darauf zu achten, dass Teilzeitbeschäftigte nicht benachteiligt werden; noch immer sind es überwiegend Frauen, die in Teilzeit arbeiten. Im Rahmen dieser Aufgabe soll der Betriebsrat nicht nur auf eine diskriminierungsfreie Behandlung der Beschäftigten achten, er kann auch Vorschläge unterbreiten, um die tatsächliche Gleichstellung von Frauen und Männern durch Fördermaßnahmen zu erreichen.

Beispiel:
Denkbar ist hier darauf zu achten, dass Fortbildungsmaßnahmen so gelegt werden, dass auch Teilzeitbeschäftigte im Rahmen ihrer Arbeitszeit teilnehmen können oder darauf zu achten, dass Qualifizierungsmaßnahmen von Frauen wie von Männern gleichermaßen in Anspruch genommen werden.

5. Vereinbarkeit von Familie und Beruf

§ 80 Abs. 1 Nr. 2b BetrVG

Eine Verpflichtung des Betriebsrats, die Vereinbarkeit von Familie und Beruf zu fördern, ist eine weitere Aufgabe (§ 80 Abs. 1 Nr. 2b BetrVG). Der Betriebsrat hat darauf zu achten, dass es Beschäftigten mit familiären Verpflichtungen (also mit Kindern oder zu pflegenden Angehörigen) erleichtert wird, ihre Arbeitsleistung tatsächlich erbringen zu können, ohne zwischen Beruf und Familie aufgerieben zu werden. Der Betriebsrat kann in diesem Rahmen viele Vorschläge unterbreiten. Zu denken ist zum Beispiel an die Begrenzung von Überstunden, an die Einrichtung von Home-Office-Arbeitsplätzen, an Modelle der vorübergehenden Arbeitszeitreduzierung (etwa im Rahmen der Brückenteilzeit oder des Familienpflegezeitgesetzes oder des Pflegezeitgesetzes) und vieles mehr.

6. Zusammenarbeit mit der JAV

§ 80 Abs. 1 Nr. 3 und Nr. 5 BetrVG

Der Betriebsrat ist verpflichtet, mit der Jugend- und Auszubildendenvertretung (JAV) zusammen zu arbeiten. Hierzu muss er die Anregungen der JAV entgegennehmen und – falls er sie für richtig erachtet – mit dem Arbeitgeber besprechen und verhandeln (§ 80 Abs. 1 Nr. 3 BetrVG). Der Betriebsrat hat damit die Pflicht, sich um die besonderen Belange der jungen Beschäftigten und Auszubildenden zu kümmern. Dabei soll er nicht eigene Vorstellungen durchsetzen, sondern mit der von dieser Beschäftigtengruppe gewählten Interessenvertretung zusammenarbeiten. Er kann die JAV zu Stellungnahmen und Vorschlägen auffordern. Aber auch hier gilt, dass er eigene Vorstellungen nur dann rechtlich durchsetzen kann, wenn das BetrVG ihm ein entsprechendes Mitwirkungs- oder Mitbestimmungsrecht einräumt. Außerdem hat der Betriebsrat die Wahl zur JAV im Betrieb vorzubereiten und durchzuführen (§ 80 Abs. 1 Nr. 5 BetrVG).

7. Förderung von schwerbehinderten Beschäftigten

§ 80 Abs. 1 Nr. 4 BetrVG

Zu den Aufgaben des Betriebsrats gehört die Förderung der Schwerbehinderten und die Förderung des Abschlusses von Inklusionsvereinbarungen nach den Regelungen des Sozialgesetzbuchs IX (§ 80 Abs. 1 Nr. 4 BetrVG); es wird ausdrücklich auf die gesetzlichen Schutzvorschriften für Schwerbehinderte verwiesen. Dabei soll der Betriebsrat auch mit der Schwerbehindertenvertretung (SBV) zusammenarbeiten. In diesem Rahmen kann der Betriebsrat Sorge dafür tragen, dass die SBV an allen wichtigen Verhandlungen mit dem Arbeitgeber tatsächlich eingebunden wird, z. B. in dem die SBV in das Verhandlungsteam mit aufgenommen wird oder in dem im Rahmen von Verhandlungen und Gesprächen der Arbeitgeber immer wieder danach befragt wird, wie sich die SBV zu dem Thema verhält.

8. Förderung von älteren Beschäftigten

§ 80 Abs. 1 Nr. 6 BetrVG

Der Betriebsrat hat auch die älteren Beschäftigten zu fördern (§ 80 Abs. 1 Nr. 6 BetrVG). Hier sind viele Vorschläge vorstellbar, die der Betriebsrat machen kann: von der Herausnahme der älteren Beschäftigten aus der Nachtschicht, bis hin zur altersgerechten Einrichtung der Arbeitsplätze und gleichberechtigter Teilnahme an beruflichen Qualifizierungsmaßnahmen.

9. Integration von ausländischen Beschäftigten

§ 80 Abs. 1 Nr. 7 BetrVG

Eine weitere Förderaufgabe hat der Betriebsrat hinsichtlich ausländischer Beschäftigter. Er hat deren Integration zu fördern und kann Maßnahmen zur Bekämpfung von Fremdenfeindlichkeit und Rassismus vorschlagen (§ 80 Abs. 1 Nr. 7 BetrVG). Aufgabe des Betriebsrats ist es, darauf zu achten, dass ausländische Beschäftigte nicht diskriminiert und genauso behandelt werden wie andere Beschäftigte. Er soll ein gegenseitiges Verständnis der Beschäftigten deutscher und nichtdeutscher Herkunft fördern und für den Abbau von wechselseitigen Vorurteilen sorgen. Hierbei ist eine Vielzahl von Vorschlägen denkbar, z. B. durch den Arbeitgeber finanzierte Sprachkurse. Treten fremdenfeindliche Verhaltensweisen im Betrieb auf, soll der Betriebsrat diese aufdecken und auf ein künftiges Unterlassen drängen.

10. Beschäftigungssicherung

Der Betriebsrat soll die Beschäftigung im Betrieb fördern und sichern (§ 80 Abs. 1 Nr. 8 BetrVG). Diese Aufgabe bezieht sich auf die Zahl der Arbeitsplätze, auf die Anzahl der Beschäftigten und auf die Wertigkeit der Arbeitsplätze. Der Betriebsrat kann also eine Vielzahl von Maßnahmen vorschlagen, die der Beschäftigungssicherung dienen.

§ 80 Abs. 1 Nr. 8 BetrVG

Beispiele:
- Investitionen in den Maschinenpark und Arbeitsmittel,
- konkrete berufliche Weiterbildungsmaßnahmen,
- Zurückholen von Aufträgen in den eigenen Betrieb (sogenanntes Insourcing).

11. Arbeits- und Gesundheitsschutz, betrieblicher Umweltschutz

Auch der Arbeits- und Gesundheitsschutz sowie der betriebliche Umweltschutz gehören zu den Aufgaben, die das BetrVG dem Betriebsrat zuweist (§ 80 Abs. 1 Nr. 9 BetrVG). Hier sind viele Maßnahmen und Vorschläge denkbar, die dazu dienen, die Gesundheit der Beschäftigten zu erhalten und die Arbeitsbedingungen für die Beschäftigten, aber auch für die Umwelt, so wenig wie möglich belastend zu gestalten. Hierunter fallen alle denkbaren Maßnahmen des Gesundheitsschutzes, präventive Maßnahmen wie z. B. Zuschüsse zu Sportkursen oder Raucherentwöhnungskurse, aber auch die belastungsarme oder belastungsfreie Gestaltung der Arbeitsplätze und der Arbeitsbedingungen. Der Bereich des betrieblichen Umweltschutzes ist in Zeiten der Transformation und der Klimakrise ein besonderer Themenkomplex. Hier sind ebenfalls vielfältige Maßnahmen denkbar, von der Installation von Photovoltaik-Anlagen auf Dächern oder (Mitarbeiter-)Parkplätzen einschließlich der Nutzung öffentlicher

§ 80 Abs. 1 Nr. 9 BetrVG

Investitionen bis hin zur energiearmen und -effizienten Gestaltung der Arbeitsplätze und Arbeitsabläufe ist ein breiter Raum gegeben.
Damit sind die allgemeinen Aufgaben aufgezeigt. Ob der Betriebsrat die von ihm entwickelten Vorschläge, Maßnahmen und Vorstellungen rechtlich durchsetzen kann, ergibt sich jedoch nicht aus dieser Vorschrift. Vielmehr beschreibt § 80 Abs. 1 BetrVG die Themengebiete, welche die Arbeit des Betriebsrats umfassen können. Die von ihm vorgeschlagenen Maßnahmen kann er aber nur dann rechtlich durchsetzen, wenn das BetrVG ihm an anderer Stelle die Durchsetzung im Wege eines einklagbaren Rechts einräumt. Welche rechtlichen Handlungsmöglichkeiten der Betriebsrat also hat, ergibt sich gerade nicht aus § 80 Abs. 1 BetrVG, sondern aus anderen Regelungen im BetrVG. Diese sind vor allem in den weiteren Paragrafen des BetrVG beschrieben, nämlich in den §§ 87 bis 103 BetrVG.

! **Auch wenn damit das Durchsetzen des eigenen Vorschlags rechtlich schwierig ist, sollte der Betriebsrat nicht den Fehler machen, eigene Vorschläge nicht zu unterbreiten. Denn nur wenn der Betriebsrat ganz konkrete Vorschläge formuliert, kann er den Arbeitgeber dazu bringen, sich mit diesen auseinanderzusetzen und zu begründen, warum er ihn ablehnt. Schon dieser Begründungsdruck kann betriebspolitisch einiges bewegen. Der Betriebsrat darf diese Möglichkeit nicht außer Betracht lassen, denn schließlich ist Betriebsratsarbeit vorrangig eine politische Arbeit, die die Interessenvertretung der Beschäftigten in den Vordergrund stellen soll und muss.**

III. Die Beteiligungsrechte des Betriebsrats – Übersicht

Dem Betriebsrat stehen somit viele, sehr unterschiedliche Aufgaben zu. Um diese zu erfüllen, hat der Gesetzgeber dem Betriebsrat verschiedene Rechte gegeben. Diese sind verschieden ausgestaltet und in ihrer rechtlichen Reichweite unterschiedlich stark ausgeprägt. Unterschieden werden **Beteiligungs-, Mitwirkungs- und Mitbestimmungsrechte**. Den Begriff der Beteiligungsrechte kennt das BetrVG nicht, aber er hat sich eingebürgert und wird häufig umgangssprachlich benutzt. Gemeint sind damit alle Rechte des Betriebsrats. Das BetrVG spricht von **Mitwirkung und Mitbestimmung**. Diese umfassen alle durch das BetrVG eingeräumten rechtlichen Handlungsmöglichkeiten. Im Folgenden werden die verschiedenen Rechte des Betriebsrats aufgezeigt, wobei die Aufzählung mit dem schwächsten, also dem am wenigsten weitreichenden, beginnt und mit dem stärksten endet.

Übersicht zu den Beteiligungsrechten des Betriebsrats auf Seite 113

1. Informationsrechte

Grundlage für jede Form der Beteiligung ist die Kenntnis von Tatsachen. Ohne Wissen über alle Tatsachen und Umstände im Betrieb kann der Betriebsrat nicht entscheiden, ob er handeln muss oder will und wenn er handeln will, auf welche Weise und mit welcher Zielsetzung. Daher sind die **Informationsrechte** des Betriebsrats der Ausgangspunkt und das Fundament seiner Beteiligungsrechte. Dieses Recht gewährleistet, dass dem Betriebsrat diejenigen Informationen zur Verfügung gestellt werden müssen, die er benötigt, um seine Aufgaben wahrzunehmen. Ohne Informationen ist es nicht möglich, die Interessen der Beschäftigten zu vertreten und die Aufgaben als Betriebsrat zu erfüllen. Näher Ausführungen hierzu finden sich weiter unten im Kapitel IV.

2. Beratungsrechte

Hierauf aufbauend stehen dem Betriebsrat so genannte **Beratungsrechte** zur Seite. Diese sind die schwächste Form der Beteiligung des Betriebsrats. Diese Rechte verpflichten den Arbeitgeber, sich mit dem Betriebsrat zu beraten, bevor er geplante Maßnahmen umsetzt. Mit dem Betriebsrat zu beraten bedeutet, dass der Arbeitgeber sich die Argumente des Betriebsrats anhören und sich mit diesen auseinandersetzen muss.
Aber: Der Arbeitgeber muss die Argumente des Betriebsrats bei seiner Entscheidung nicht berücksichtigen, er muss im Rahmen der Beratungsrechte dem Betriebsrat in seiner Ansicht also nicht folgen. Ziel des Beratungsrechts ist, dass der Arbeitgeber die Sichtweise der Beschäftigten kennt und sie bei seiner Entscheidung berücksichtigen kann, aber nicht zwingend muss. Näheres hierzu findet sich in Kapitel V.

3. Anhörungsrecht

Weitergehend ist das so genannte **Anhörungsrecht** des Betriebsrats. Dieses existiert nur in einem einzigen Fall: Wenn der Arbeitgeber das Arbeitsverhältnis eines einzelnen Beschäftigten kündigen will. Der Arbeitgeber muss dem Betriebsrat vor Ausspruch der Kündigung alle Gründe nennen, mit der er die Kündigung begründen will und er muss dem Betriebsrat die Möglichkeit einräumen, zu dieser Kündigung schriftlich Stellung zu nehmen und ihr zu widersprechen. Der Arbeitgeber muss die vorgebrachten Argumente des Betriebsrats nicht annehmen und kann dennoch die Kündigung aussprechen.
Aber: Eine ohne Anhörung des Betriebsrats ausgesprochene Kündigung ist unwirksam. Vertieft werden Fragen zum Anhörungsrecht in Kapitel VI.

4. Zustimmungsverweigerungsrecht

Ein wenig stärker sind die Möglichkeiten des Betriebsrats im Rahmen seiner **Zustimmungsverweigerungsrechte**. Diese stehen ihm im Rahmen von personellen Einzelmaßnahmen zu – also bei Einstellungen, Versetzungen, Ein- und Umgruppierungen einzelner Beschäftigter. Auch hier muss der Arbeitgeber dem Betriebsrat alle Gründe für die einzelne Maßnahme nennen. Der Betriebsrat hat dann die Möglichkeit, bei Vorliegen von bestimmten im BetrVG genannten Gründen (näheres hierzu in Kapitel VII 9. b.), seine Zustimmung zu verweigern. Hat der Betriebsrat seine Zustimmung verweigert und dabei die im BetrVG genannten Regeln eingehalten, darf der Arbeitgeber die Maßnahme nur umsetzen, wenn das Arbeitsgericht zustimmt. Der Arbeitgeber darf sich also in einem solchen Fall nicht einfach über den Willen des Betriebsrats hinwegsetzen, sondern er braucht die Hilfe und die Zustimmung des Arbeitsgerichts. Wie dieses Verfahren konkret ausgestaltet ist und was der Betriebsrat beachten muss, ist weiter unten im Kapitel VI ausführlich beschrieben.

5. Mitbestimmungsrechte

Am stärksten sind die Rechte des Betriebsrats im Rahmen der so genannten echten **Mitbestimmungsrechte**. Steht dem Betriebsrat ein solches zu, so kann der Arbeitgeber die von ihm geplante Maßnahme ohne die positive und ausdrücklich ausgesprochene Zustimmung des Betriebsrats nicht durchsetzen. Der Betriebsrat muss in diesen Fällen seine Ablehnung auch nicht begründen. Es ist zwar aus verhandlungstaktischen Gründen häufig gut, sein »Nein« zu begründen; rechtlich erforderlich ist es aber nicht. Will der Arbeitgeber in Fällen der echten Mitbestimmung die Maßnahme dennoch durchsetzen, so muss er in diesem Fall die **Einigungsstelle** anrufen und dort versuchen, die Zustimmung des Betriebsrats zu erhalten. Er darf sich also über das »Nein« des Betriebsrats nicht einfach hinwegsetzen.

Begriffserklärung:
Eine Einigungsstelle ist ein besonderes betriebsverfassungsrechtliches Gremium, in dem der Betriebsrat und der Arbeitgeber unter der Leitung eines neutralen Vorsitzenden weiterverhandeln.

Näheres zur Einigungsstelle in Band 5

Die echte Mitbestimmung geht aber noch weiter: sie gibt dem Betriebsrat das Recht, eigene Ideen und Regelungen mit dem Arbeitgeber zu vereinbaren. Lehnt der Arbeitgeber dies ab, so kann der Betriebsrat wiederum die Einigungsstelle anrufen und eine Regelung durchsetzen. Der Betriebsrat kann also in diesen Fällen auch von sich aus aktiv tätig werden und muss nicht darauf warten, dass der Arbeitgeber ihm etwas vorschlägt. Deshalb spricht man auch von einem **Initiativrecht** des Betriebsrats. Der

Betriebsrat hat also im Bereich der echten Mitbestimmungsrechte damit grundsätzlich die Möglichkeit, Regelungen zu gestalten, die die Beschäftigungsbedingungen im Betrieb unmittelbar beeinflussen. Ausführlich zu den Mitbestimmungsrechten und ihre Ausgestaltung finden sich weiter unten in Kapitel VIII.

6. Zusammenwirken der Beteiligungsrechte

Das BetrVG ordnet die verschiedenen Mitwirkungs- und Mitbestimmungsrechte den jeweiligen Maßnahmen zu, die im Betrieb umgesetzt werden sollen. Welche Möglichkeiten der Betriebsrat in dem einzelnen Fall bzw. in der einzelnen Situation hat, ergibt sich damit jeweils aus dem BetrVG selbst. Der Charakter der Maßnahme bestimmt also den Umfang der Beteiligung des Betriebsrats.

Beispiele:
Will der Arbeitgeber eine Versetzung eines Beschäftigten vornehmen, kann der Betriebsrat die Zustimmung verweigern.
Will der Arbeitgeber hingegen die Arbeitszeit verändern, so hat der Betriebsrat ein echtes Mitbestimmungsrecht.

Zu beachten ist dabei: Eine einzelne Maßnahme kann unter verschiedenen Gesichtspunkten gleichzeitig unterschiedliche Mitwirkungs- und Mitbestimmungsrechte auslösen.

Beispiel 1:
Der Arbeitgeber führt eine neue Software ein. Diese ermöglicht ihm nicht nur, die Arbeit der Beschäftigten besser zu kontrollieren, sondern es werden zukünftig nicht mehr so viele Beschäftigte benötigt, so dass es zu Entlassungen kommen wird.
In diesem Fall steht dem Betriebsrat zu:

1. ein echtes Mitbestimmungsrecht bei der Ausgestaltung der Regeln über die Einführung und Anwendung der neuen Software nach § 87 Abs. 1 Nr. 6 BetrVG;
2. ein zusätzliches Beratungs- und Mitbestimmungsrecht, da möglicherweise auch über einen Interessenausgleich und Sozialplan nach § 112 BetrVG verhandelt werden muss und
3. ein Mitbestimmungsrecht unter dem Gesichtspunkt der beruflichen Weiterbildung nach §§ 96ff. BetrVG, denn es muss auch über die Fra-

ge, wie die Beschäftigten auf die Anwendung der neuen Software geschult werden, verhandelt und eine Einigung erzielt werden.

Beispiel 2:
Der Arbeitgeber stellt Leiharbeitskräfte für den Schichtbetrieb ein. Dann muss er

1. den Betriebsrat zur Einstellung der Leiharbeitnehmer nach § 99 BetrVG anhören und
2. die Zustimmung des Betriebsrats zur Zuordnung zum jeweiligen Dienstplan gemäß § 87 Abs. 1 Nr. 2 BetrVG einholen.[4]

Wichtig ist es daher, sich die jeweilige Maßnahme genau anzuschauen, unter allen denkbaren Aspekten und Auswirkungen für die Beschäftigten zu betrachten und zu bewerten sowie zu prüfen, ob eine oder mehrere Beteiligungsmöglichkeiten des Betriebsrats vom BetrVG vorgesehen sind und wenn ja, wie diese ausgestaltet sind. Sind nämlich mehrere Beteiligungsrechte und -möglichkeiten gegeben, gilt es, deren konkrete Ausübung klug einzusetzen, um das bestmögliche Ergebnis für die Beschäftigten erzielen zu können. !

Um das zukünftig gut hinzubekommen, werden im Folgenden die einzelnen Mitwirkungs- und Mitbestimmungsrechte vorgestellt und gleichzeitig aufgezeigt, für welche Themenfelder und Maßnahmen diese gelten.

4 LAG Rheinland-Pfalz 24.1.2019 – 2 TaBVGa 6/18.

IV. Informationsrechte des Betriebsrats

1. Allgemeiner Informationsanspruch des Betriebsrats

§ 80 Abs. 2 BetrVG

Grundlage für eine gute und erfolgreiche Arbeit des Betriebsrats sind Informationen. Ohne das Wissen, was im Betrieb passiert, kann der Betriebsrat nicht arbeiten. Damit der Betriebsrat seine Arbeit nicht auf bloße Vermutungen aufbauen muss, steht ihm gegenüber dem Arbeitgeber ein Informationsrecht zu. Dieser Informationsanspruch ist in § 80 Abs. 2 BetrVG geregelt. Wenn der Betriebsrat ein Informationsrecht hat, bedeutet das umgekehrt, dass der Arbeitgeber verpflichtet ist, die entsprechenden Informationen zu erteilen. Das Recht auf Informationserteilung kann der Betriebsrat im Zweifelsfall vor dem Arbeitsgericht einklagen. Der Anspruch nach § 80 Abs. 2 BetrVG ist kein Beteiligungsrecht des Betriebsrats, sondern bildet dessen Grundlage und stellt sicher, dass er seine Beteiligungsrechte angemessen wahrnehmen kann.

a. Umfang des Informationsrechts

Umfassende Information

Nach dem genannten Paragrafen ist der Betriebsrat durch den Arbeitgeber **umfassend** zu unterrichten. Unterrichten ist ein anderer Begriff für informieren. Die Unterrichtung erstreckt sich dabei auf alle Aufgaben, die dem Betriebsrat durch das BetrVG (und andere Gesetze, z. B. das Arbeitsschutzgesetz) zugewiesen werden. Als Aufgaben werden dabei alle diejenigen verstanden, die im Katalog des § 80 Abs. 1 BetrVG aufgeführt sind und darüber hinaus alle Beteiligungs-, Mitwirkungs- und Mitbestimmungsrechte. Das Informationsrecht besteht aber nicht erst dann, wenn feststeht, dass eine Aufgabe des Betriebsrats gegeben ist. Die Informationspflicht setzt bereits früher an: Nämlich dann, wenn denkbar ist, dass der Betriebsrat handeln kann oder soll. Der Arbeitgeber muss so umfassend informieren, dass der Betriebsrat selbst prüfen kann, ob er für sich einen Handlungsauftrag sieht. Das zeigt, dass der Betriebsrat ein sehr weitgehendes Informationsrecht hat. Immer dann, wenn er eine Aufgabe benennen kann, für deren Wahrnehmung die Information von Bedeutung sein kann, ist der Arbeitgeber verpflichtet, ihm diese zur Verfügung zu stellen. Wie schon weiter oben aufgeführt, ist der Aufgabenkatalog sehr vielfältig, er reicht von der Überwachung der im Betrieb geltenden Regelungen bis zur Beschäftigungssicherung. Also benötigt der Betriebsrat auch viele und unterschiedliche Informationen, die er vom Arbeitgeber verlangen kann.

> **Beispiel:**
> Dem Betriebsrat ist durch Kollegen mitgeteilt worden, dass in einem Bereich ab und zu am Samstag gearbeitet wird. Davon hat der Betriebsrat bisher nichts mitbekommen. Also kann er die Arbeitszeitaufzeichnungen vom Arbeitgeber verlangen. Dieser muss ihm die entsprechenden Unterlagen aushändigen, und zwar ohne, dass der Betriebsrat erklären muss, was er konkret damit tun möchte. Es genügt, wenn der Betriebsrat mitteilt, dass er die Einhaltung der Arbeitszeitregelung prüfen will.

> **Hinweis:**
> Nur wenn die vom Betriebsrat erbetene Information offensichtlich nicht mit einer seiner Aufgaben in Verbindung steht, braucht der Arbeitgeber diese nicht zu erteilen.[5]

Dabei müssen die erbetenen Informationen auch nicht immer einen direkten Bezug zu der vom Betriebsrat geltend gemachten Aufgabenstellung haben. So hat der Betriebsrat beispielsweise einen Anspruch auf Übergabe der Zugangsprotokolle des Türsystems, denn diese ermöglichen ihm eine Überprüfung der Richtigkeit der ihm erteilten Informationen zur im Betrieb tatsächlich erbrachten Arbeitszeit.[6] Wichtig ist nur, dass der Betriebsrat einen Bezug zwischen der erbetenen Information zu einem denkbaren, d. h. möglichen Aufgabenbezug konkret benennen kann. Es genügt dabei nicht, bloß den Wortlaut des BetrVG zu wiederholen, sondern der konkrete betriebliche Bezug muss hergestellt werden.[7] Werden vergangenheitsbezogene Informationen verlangt, muss der Betriebsrat genau beschreiben, warum und in welcher Form diese für die Ausübung eines aktuellen oder zukünftigen Beteiligungsrechts erforderlich sind; der Betriebsrat muss also begründen, inwiefern die vergangenheitsbezo-

5 BAG 19. 2. 2008 – 1 ABR 84/06.
6 Hessisches LAG 5. 2. 2018 – 16 TaBV 91/17.
7 BAG 12. 3. 2019 – 1 ABR 43/17.

genen Informationen seine aktuelle und zukünftige Arbeit beeinflussen können.[8]

Umfang

Die vom Betriebsrat benötigten Informationen beziehen sich auf alle Umstände, die im Betrieb für die Beschäftigten und deren Arbeitsbedingungen von Bedeutung sind und auf alle **Personen**, die im Betrieb tätig sind. Wie sich dabei direkt aus § 80 Abs. 2 Satz 1 letzter Halbsatz BetrVG ergibt, besteht der Informationsanspruch nicht nur in Bezug auf die Beschäftigten, die mit dem Arbeitgeber einen Arbeitsvertrag haben. Der Anspruch erstreckt sich vielmehr ebenfalls auf alle Personen, die im Betrieb arbeiten, aber mit einem Dritten einen Vertrag haben (sogenannter Fremd- oder Drittpersonaleinsatz). Das sind nicht nur **Leiharbeitnehmer,** sondern auch Personen, die im Wege eines **Werk- oder Dienstvertrags** tätig sind. Auf diesen Beschäftigtenkreis bezogen stehen dem Betriebsrat nicht nur Auskünfte über die einzelnen Personen zu, sondern ebenso über deren Arbeitsaufgabe, den zeitlichen Umfang des Einsatzes sowie deren Einsatzort. Zum Informationsumfang gehört außerdem der Vertrag, den der Arbeitgeber mit dem Drittunternehmen über den Einsatz dieser Beschäftigten geschlossen hat. Hierzu gehören auch Informationen über die konkret ausgeübten Tätigkeiten und ihre Auswirkungen; so hat der Betriebsrat einen Anspruch auf Informationen über Arbeitsunfälle von Personen, die im Wege von Dienstverträgen auf dem Firmengelände tätig sind, denn hieraus kann der Betriebsrat Rückschlüsse auf die konkreten Arbeitsbedingungen ziehen und Maßnahmen des Gesundheitsschutzes für alle im Betrieb Beschäftigten vorschlagen.[9]

b. Zeitpunkt der Unterrichtung

Rechtzeitiges Unterrichten

Der Arbeitgeber muss den Betriebsrat **rechtzeitig** unterrichten, so steht es in § 80 Abs. 2 BetrVG. Dieses Wort ist ein so genannter unbestimmter Rechtsbegriff. Was das bedeutet, kann deshalb leider nicht exakt definiert werden, denn dies hängt immer von der im Einzelfall konkreten Aufgabe ab, für welche die Information von Bedeutung ist. Rechtzeitig heißt auf jeden Fall immer: vor Umsetzung der Maßnahme. Eine nachträgliche Information genügt nicht. Rechtzeitig hat der Arbeitgeber nur informiert, wenn der Betriebsrat in der Lage ist, zu prüfen, ob ihm ein Beteiligungsrecht zusteht und wenn ja, wie er es konkret ausüben will. Mit anderen Worten: Die Information muss zu einem so frühen Zeitpunkt erfolgen, dass der Betriebsrat eigenständig prüfen kann, ob und wie er

8 BAG 29.9.2023 – 1 ABR 39/18.
9 BAG 12.3.2019 – 1 ABR 48/17.

handeln will. Dabei muss der Arbeitgeber immer berücksichtigen, dass der Betriebsrat ein Gremium ist, das gemeinsam agieren und über sein Vorgehen ein Beschluss fassen muss. Er muss also berücksichtigen, dass Betriebsratssitzungen durchzuführen sind.

c. Form der Unterrichtung

Grundsätzliche Formfreiheit

Leider sieht das BetrVG keine Form der Informationserteilung durch den Arbeitgeber vor. Der Arbeitgeber ist somit frei darin, zu entscheiden, auf welche Art und Weise er den Betriebsrat unterrichtet. Er kann dies folglich auch mündlich tun. Hiervon gibt es aber eine Ausnahme: Gibt es zu einem Themenkomplex oder einem Vorgang **Unterlagen,** so muss der Arbeitgeber diese dem Betriebsrat zur Verfügung stellen. Der Arbeitgeber muss den Betriebsrat also nur dann Unterlagen zur Verfügung stellen, wenn solche existieren, er muss diese nicht erst für den Betriebsrat erstellen. Eine wichtige Ausnahme hiervon sind jedoch die Arbeitszeitaufzeichnungen derjenigen Beschäftigten, die in Vertrauensarbeitszeit arbeiten. Hier kann der Arbeitgeber nicht vortragen, dass er die tatsächliche Arbeitszeit dieser Beschäftigten nicht kennt. Da er als Arbeitgeber die Pflicht hat, die Einhaltung der arbeitszeitrechtlichen Regelungen – und zwar sowohl die des Arbeitszeitgesetzes als auch die in Tarifverträgen und in Betriebsvereinbarungen – zu kontrollieren, muss er auch deren tatsächliche Arbeitszeit kennen und hierüber dem Betriebsrat auch Informationen erteilen.[10]

Der Begriff »**Unterlagen**« ist dabei weit zu verstehen; neben schriftlichen Aufzeichnungen gehören hierzu auch Fotos und elektronische Dateien.[11] Mit Blick auf die Entwicklung der Datenverarbeitungssysteme (DV-Systeme) und deren umfangreicher Möglichkeiten, Daten, die im System gespeichert sind, auszuwerten, stellt sich gerade bei digital zur Verfügung stehenden Informationen vermehrt die Frage, ob sich der Arbeitgeber darauf zurückziehen kann, ihm stunden die erbetenen Informationen nicht zur Verfügung, da das System diese nicht entsprechend aufbereite. Dies ist jedoch nicht bei den Fällen der Fall, in denen dem Arbeitgeber durch das bzw. im DV-System ein entsprechendes Tool zur Verfügung steht, dass es ihm ermöglicht, die erbetenen Informationen aufzubereiten und zur Verfügung zu stellen.[12] Mit anderen Wort: kann der Arbeitgeber mit Hilfe

10 LAG München 11.7.2022 – 4 TaBV 9/22, das damit der Grundsatzentscheidung des BAG 6.5.2003 – 1 ABR 22/21 folgt.

11 BAG 16.8.2011 – 1 ABR 22/10.

12 LAG Köln 25.7.2025 – 9 TaBV 7/25.

des DV-Systems die angeforderten Informationen zur Verfügung stellen, muss er diese dem Betriebsrat zur Verfügung stellen und kann sich nicht darauf berufen, dass er diese nicht erstellen kann. Da die Regelung in § 80 Abs. 2 BetrVG dem Arbeitgeber keine verbindliche Form der Unterrichtung vorschreibt, kann er im Falle von elektronisch vorliegenden Informationen selbst entscheiden, ob er diese dem Betriebsrat im Wege eines elektronischen Leserechts oder papierhaft zur Verfügung stellt.[13]

Namentliche Nennung der Beschäftigten

Beziehen sich die Informationen auf konkrete Beschäftigte, hat der Arbeitgeber diese grundsätzlich unter namentlicher Nennung zu erteilen. Dies gilt unabhängig davon, ob der Betriebsrat Teil der datenschutzrechtlich verantwortlichen Stelle,[14] oder selbst datenschutzrechtlich verantwortlich ist. Die besondere Rechtsstellung des Betriebsrats gegenüber dem Arbeitgeber, insbesondere dessen Unabhängigkeit als Strukturprinzip der Betriebsverfassung, rechtfertigt die namentliche Nennung der Beschäftigten gegenüber dem Betriebsrat auch ohne deren ausdrückliche Zustimmung.[15] Jedoch immer vorausgesetzt, dass der Betriebsrat einen konkreten Aufgabenbezug benennen kann, für die er die namentliche Nennung der Beschäftigten benötigt. Dies hat das BAG in seiner Entscheidung vom 6.6.2023 nochmals ausdrücklich bestätigt, wobei er auch auf die sich aus § 79a BetrVG ergebenden Verpflichtung des Betriebsrats zur Beachtung der datenschutzrechtlichen Regelungen verwiesen hat.

Sensible personenbezogene Daten

Auch für den Fall, dass der Auskunftsanspruch sich auf **besonders schutzwürdige personenbezogene Daten** (besondere Kategorie personenbezogener Daten nach Art. 9 Datenschutz-Grundverordnung – DSGVO, z. B. Gesundheitsdaten wie das Bestehen einer Schwangerschaft, aber auch Arbeitsunfähigkeitszeiten) bezieht, ist zwar die Einwilligung der Beschäftigten nicht erforderlich. Der Betriebsrat soll aber verpflichtet sein, besondere Vorkehrungen zum Schutz dieser Daten zu treffen.[16] Dies hat das Bundesarbeitsgericht (BAG) so entschieden. Diese Entscheidung ist jedoch problematisch, weil sie geeignet ist, den Auskunftsanspruch des Betriebsrats zu relativieren bzw. zu erschweren. Der Arbeitgeber kann einfach behaupten, der Betriebsrat schütze seine Daten nicht ausreichend und die Informationen mit dieser Behauptung zurückhalten. Zudem übersieht das BAG, dass der Betriebsrat für den Schutz der von ihm verarbeiteten personenbezogenen Daten selbst die Verantwortung trägt (§ 79a BetrVG). Die Problematik wird noch dadurch verstärkt, dass der

13 BAG 16.8.2011 – 1 ABR 22/10.
14 Hessisches LAG 10.12.2018 – 16 TaBV 130/18.
15 BAG 9.4.2019 – 1 ABR 51/17; BAG 6.6.2023 – 9 AZR 383/19.
16 BAG 9.4.2019 – 1 ABR 51/17.

Betriebsrat nur bedingt Einfluss auf die tatsächlichen Möglichkeiten eines effektiven Datenschutzes hat, denn er ist im Rahmen der Regelungen des § 40 BetrVG auf diejenigen datenschutzrechtlichen Mittel angewiesen, die der Arbeitgeber in seinem Betrieb als angemessen und erforderlich ansieht. Zwar sieht § 79a BetrVG vor, dass Betriebsrat und Arbeitgeber sich gegenseitig bei der Einhaltung des Datenschutzes unterstützen. Dennoch gibt der Arbeitgeber **trotz aller Änderungen im BetrVG in den vergangenen Jahren** die betrieblichen Mittel - auch diejenigen, die für den Datenschutz eingesetzt werden - vor. Da auch die Möglichkeit besteht, dass der **betriebliche Datenschutzbeauftragte** die Arbeit des Betriebsrats in Bezug auf die Einhaltung der datenschutzrechtlichen Bestimmungen prüft, kann dies von Arbeitgebern als eine zusätzliche Hürde zur Erteilung erforderlicher Informationen genutzt werden. Und zwar dann, wenn der betriebliche Datenschutzbeauftragte strengere Maßstäbe gegenüber dem Betriebsrat anlegt als gegenüber dem Arbeitgeber oder aber er die Besonderheiten der Gremienarbeit des Betriebsrats nicht ausreichend in seine Beurteilung einfließen lässt.

Hinweis:
Auch wenn die Entscheidung kritikwürdig und problematisch ist, ist Betriebsräten zu raten, Vorkehrungen zu treffen, damit Unbefugte keinen Zugriff auf diese personenbezogenen Daten besonderer Kategorie haben, z.B. diese in einem verschlossenen Schrank aufbewahren oder passwortgeschützt in den eigenen Laufwerken speichern. Die Pflicht zur Einhaltung von datenschutzrechtlichen Regelungen galt auch schon vor der Gesetzesänderung, wird aber durch die Einführung des § 79a BetrVG nun auch gesetzlich beschrieben. Es bleibt zu hoffen, dass Arbeitgeber die Entscheidung des BAG und die Neuregelung des § 79a BetrVG nicht dazu nutzen, den Betriebsräten die Erteilung notwendiger Informationen zu verweigern.

Zeitgleich kann und soll die im BetrVG ausdrücklich verankerte **Pflicht zum Datenschutz** dazu genutzt werden, vom Arbeitgeber zu verlangen, die für den Schutz der personenbezogenen Daten erforderlichen Systeme als Betriebsrat zur Verfügung gestellt zu bekommen, wenn der Arbeitgeber dies bisher nicht oder nicht in ausreichendem Maße tut.

d. Informationsquellen

Informationen nicht nur aus Arbeitgeberhand

Der Betriebsrat sollte bei seiner Arbeit nicht nur die Informationen nutzen, die ihm der Arbeitgeber zur Verfügung stellt, sondern er sollte immer auf verschiedene Informationsquellen zurückgreifen. Das sind vor allem der Kreis der Beschäftigten. Der Betriebsrat sollte alle Informationen vergleichen, denn auch daraus kann und soll der Betriebsrat Rückschlüsse für seine Arbeit ziehen.

e. Sich nicht selbst einschränken

Wichtig ist es, sich als Betriebsrat nicht selbst einzuschränken. Im Rahmen von Regelungen zur Arbeitszeit oder zu komplexen DV-Systemen finden sich in Betriebsvereinbarungen häufig Regelungen über den Umfang der Informationspflichten des Arbeitgebers. Um nicht in einer Datenflut zu ertrinken, stimmt der Betriebsrat in diesen Zusammenhängen häufig zu seine Informationsrechte zu konkretisieren. Dagegen ist im Grundsatz zur Gewährleistung einer effektiven Betriebsratsarbeit nichts einzuwenden; denn zu viele Informationen können den Blick auf die sich stellenden Probleme verstellen. Als Betriebsrat muss man sich nur klar darüber sein, dass für den Fall, dass eine solche konkretisierte bzw. beschränkte Informationspflicht sich als ungenügend erweist, weil der Betriebsrat im Laufe seiner Tätigkeit bemerkt, dass er doch weitergehende Informationen benötigt, er an die in der Betriebsvereinbarung getroffene Regelung gebunden ist und er nur dann weitergehende Informationen erhalten kann, wenn er dies besonders begründet.[17] Daher sollten Betriebsräte immer vorsichtig sein und vermeiden, in Betriebsvereinbarungen oder anderen Absprachen ihre Informationsrechte so zu konkretisieren, dass diese sie einschränken könnten.

2. Einsicht in die Bruttolohn- und Gehaltslisten

a. Umfang des Einsichtsrechts

Einsichtsrecht in alle Entgeltbestandteile

In Bezug auf Entgeltfragen steht dem Betriebsrat ein besonderes Informationsrecht zu, das ebenfalls in § 80 Abs. 2 BetrVG enthalten ist: die Einsicht in die Bruttolohn- und Gehaltslisten. Dieses Informationsrecht dient dazu, dass der Betriebsrat die ihm obliegende Aufgabe – zu überwachen, ob die gesetzlichen und tarifvertraglichen Regelungen in Bezug auf Entgeltfragen und Fragen der Entgeltgerechtigkeit eingehalten werden – erfüllen kann. Dieses Recht steht aber nicht dem gesamten Betriebsrat zu. In größeren Betrieben ist dieses Recht durch den **Betriebsausschuss**

17 LAG Köln 25.7.2025 – 9 TaBV 7/25.

wahrzunehmen; in kleineren Betrieben obliegt dieses Recht dem Vorsitzenden bzw. dem Stellvertreter.[18]

Begriffserklärung:
Der Betriebsausschuss ist das innerhalb des Betriebsrats gebildete Gremium, dem die Aufgabe zukommt, die laufenden Geschäfte des Betriebsrats zu führen (§ 27 BetrVG).

Näheres zum Betriebsausschuss in Band 2

Anders als beim allgemeinen Informationsanspruch muss der Arbeitgeber dem Betriebsausschuss die Entgeltlisten aber nicht aushändigen bzw. übergeben. Denn es besteht nur ein **Einsichtsrecht**. Wie der Begriff schon zeigt, besteht das Recht, in die Listen reinzuschauen. Der Betriebsausschuss bzw. der oder die Vorsitzende dürfen sich Notizen und Aufzeichnungen machen. Die Einsichtnahme in die Listen muss dabei **ungestört** sein, d. h. der Arbeitgeber darf keinen Aufpasser abstellen.[19] Das Einsichtsrecht besteht jederzeit und ist nicht beschränkt auf einzelne Monate im Jahr. Es bezieht sich auf **alle Entgeltbestandteile** jedes einzelnen Beschäftigten. Neben dem Grundentgelt sind alle Zulagen und Zuschläge, Einmal- und Sonderzahlungen, Provisionen und andere leistungsabhängige Entgeltbestandteile erfasst. Dabei ist es gleichgültig, ob diese regelmäßig oder einmalig gezahlt werden, und ob sie auf Grund eines Tarifvertrags oder einer arbeitsvertraglichen Absprache oder einer betrieblichen Übung gezahlt werden. Auch geldwerte Vorteile, wie die private Nutzung eines Firmenwagens oder Essensgutscheine, sind aufzuführen.[20] Gerade in größeren Betrieben kann die Einsichtnahme lange Zeit in Anspruch nehmen, weshalb viele Arbeitgeber freiwillig die Entgeltliste an den Betriebsrat aushändigen.

Hinweis:
Wird dem Betriebsrat die Entgeltliste ausgehändigt, sollte er unbedingt darauf achten, dass die personenbezogenen Daten in den Listen ausreichend geschützt werden. Der Betriebsrat sollte Vorkehrungen treffen, damit diese Daten nicht von Unbefugten zur Kenntnis genommen werden können.

Dabei besteht auch nach Einführung des seit 2018 geltenden Datenschutzrechts ein Anspruch auf Einsicht in die personalisierten Bruttolohn- und

18 BAG 16. 8. 1995 – 7 ABR 63/94; 14. 1. 2014 – 1 ABR 54/12.
19 BAG 16. 8. 1995 – 7 ABR 63/94.
20 BAG 14. 1. 2014 – 1 ABR 54/12.

Gehaltslisten. Dies bedarf weder der Zustimmung der betroffenen Beschäftigten noch muss der Betriebsrat besonders begründen, weshalb er die namentliche Nennung braucht.[21] Der Arbeitgeber darf somit die namentliche Nennung der einzelnen Beschäftigten in den Bruttolohn- und Gehaltslisten nicht verweigern.
Anders als bei anderen Informationsrechten muss der Betriebsrat die Einsicht nicht begründen; er muss also nicht mitteilen, warum er gerade zu diesem Zeitpunkt von seinem gesetzlich eingeräumten Recht und warum Gebrauch machen will. Das Einsichtsrecht steht dem Betriebsausschuss bzw. dem Vorsitzenden somit begründungsfrei zu.

b. Verhältnis des Einsichtsrechts zum Informationsanspruch

Das Recht auf Einsicht in die Entgeltlisten besteht neben dem allgemeinen Informationsanspruch. Diese beiden Rechte schließen sich nicht aus, sie ergänzen sich vielmehr.[22] Enthält z. B. die Entgeltliste keinen Hinweis auf die Eingruppierung, die Entgeltgruppe und die Betriebszugehörigkeit, stehen dem Betriebsrat auf der Grundlage des allgemeinen Informationsrechts diese Informationen zusätzlich zu. So kann er prüfen, ob die tariflichen Entgeltregelungen auch tatsächlich eingehalten werden oder ob beispielsweise Anhaltspunkte für einen Verstoß gegen den Grundsatz »gleicher Lohn für gleiche Arbeit« vorliegen.

3. Arbeitsplatzbesichtigung

Arbeitsplatzbesichtigung jederzeit möglich

Eine weitere Möglichkeit für den Betriebsrat, an Informationen zu gelangen, ist sein Recht, die Beschäftigten an ihren Arbeitsplätzen aufzusuchen und diese zu besichtigen.
Dieses Recht ist vom BAG entwickelt worden und wird aus dem allgemeinen Informationsrecht abgeleitet.[23] Danach darf der Betriebsrat jederzeit und ohne konkreten Anlass die Arbeitsplätze aufsuchen, um die Einhaltung der im Betrieb geltenden Regelungen zu kontrollieren. Einer An-

---

21 BAG 7.5.2019 – 1 ABR 53/17; LAG Mecklenburg-Vorpommern 5.2.2019 – 3 TaBV 10/18; LAG Schleswig-Holstein 23.5.2019 – 5 TaBV 9/18; LAG Sachsen-Anhalt 18.12.2018 – 4 TaBV 19/17; LAG Hessen 10.12.2018 – 16 TaBV 130/18; LAG Düsseldorf 23.10.2018 – 8 TaBV 42/18; LAG Niedersachsen 22.10.2018 – 12 TaBV 23/18.

22 BAG 30.9.2008 – 1 ABR 54/07.

23 BAG 13.6.1989 – 1 ABR 4/88.

meldung der Arbeitsplatzbesichtigung beim Arbeitgeber ist in der Regel nicht erforderlich.[24] Gelten an den jeweiligen Arbeitsplätzen besondere Schutzvorschriften, sind diese selbstverständlich von den Betriebsratsmitgliedern einzuhalten.
Das Recht, die Beschäftigten zu Hause im Home-Office aufzusuchen, setzt allerdings deren Einverständnis voraus, da die Wohnung gem. Art. 13 GG einem besonderen Schutz unterliegt.

Hinweis:
Werden im Betrieb Leiharbeiter eingesetzt, steht in der Regel nur dem Betriebsrat des Einsatzbetriebs – und nicht des Verleihunternehmens – das Recht zur Arbeitsplatzbesichtigung zu.[25] Da das Recht der Betriebsbegehung der Aufgabenwahrnehmung des Betriebsrats dient, hat der Betriebsrat des Verleihunternehmens nur dann ein Recht auf das Aufsuchen der Kollegen im Einsatzbetrieb, wenn dies zur konkreten Erledigung seiner Aufgaben dient; das kann z. B. der Fall sein, wenn im Entleiherbetrieb kein Betriebsrat existiert.[26]

---

24 ArbG Stuttgart 19. 2. 2002 – 20 BV 14/01.
25 BAG 15.10.204 – 7 ABR 74/12.
26 BAG 15. 10. 2014 – 7 ABR 74/12.

V. Beratungsrechte

Zusammenarbeit zwischen Arbeitgeber und Betriebsrat

Der Betriebsrat hat das Recht, in allen strittigen Fragen vor deren betrieblicher Umsetzung mit dem Arbeitgeber über diese zu verhandeln.[27] Dabei kann er ihm eigene Vorschläge unterbreiten, um eine einvernehmliche Regelung zu erreichen. Das ist in § 74 Abs. 1 BetrVG geregelt, der damit den Grundsatz aufstellt, dass der Betriebsrat auf alle Entscheidungen, die die Belange der Beschäftigten berühren, einwirken können soll.

> **Hinweis:**
> Der Arbeitgeber soll alle Entscheidungen die einzelne Beschäftigte, die Belegschaft oder die Arbeitsbedingungen betreffen, nicht ohne Beratung mit dem Betriebsrat umsetzen. Das **Beratungsrecht** ist die Basis der Zusammenarbeit zwischen Arbeitgeber und Betriebsrat.

1. Umfang des Beratungsrechts

Merkliste zu den Beratungsrechten auf Seite 114

Das Beratungsrecht beinhaltet das Recht des Betriebsrats, umfassend über die Entscheidung des Arbeitgebers informiert zu werden und darüber hinaus beratend beteiligt zu werden.

> **Begriffserklärung:**
> Beratend im Sinne des BetrVG bedeutet, dass der Betriebsrat das Recht hat, dem Arbeitgeber alternative Vorschläge zu einem Thema zu unterbreiten und diese mit dem Arbeitgeber zu diskutieren.

27 BAG 15.8.2012 – 7 ABR 16/11.

Der Arbeitgeber muss sich ernsthaft mit den Vorschlägen des Betriebsrats auseinandersetzen und mit ihm darüber verhandeln. Umsetzen oder annehmen muss der Arbeitgeber die Vorschläge des Betriebsrats allerdings nicht. Er ist lediglich dazu verpflichtet, seine Entscheidung nochmals zu überdenken. Damit soll sichergestellt werden, dass der Arbeitgeber die Belange der Beschäftigten in allen seinen Entscheidungen mitberücksichtig. Damit das möglich ist, muss der Betriebsrat frühzeitig eingebunden werden.

Zeitpunkt der Unterrichtung:
Die Beratung zwischen Arbeitgeber und Betriebsrat muss **vor** Umsetzung der geplanten Maßnahme erfolgen. Anderenfalls geht die Möglichkeit Alternativen vorzuschlagen ins Leere.

2. Beratung bei der Gestaltung von Arbeitsplätzen

Das BetrVG hat an mehreren Stellen das Beratungsrecht des Betriebsrats konkretisiert. So hat er dem Betriebsrat in § 90 BetrVG ausdrücklich ein Beratungsrecht im Bereich der Gestaltung von Arbeitsplätzen und Arbeitsabläufen eingeräumt. Demnach muss der Arbeitgeber den Betriebsrat über folgende Veränderungen oder Erweiterungen informieren:

- der Gebäude einschließlich Neu-, Um- und Erweiterungsbau;
- der technischen Anlagen;
- der Arbeitsabläufe und -verfahren;
- der Arbeitsplätze;
- Auswirkungen der geplanten Maßnahmen.

Künstliche Intelligenz

Im Jahr 2021 ist das Beratungsrecht des Betriebsrats erweitert worden und erstreckt sich seither auch ausdrücklich auf den Einsatz von **Künstlicher Intelligenz (KI)** in den Arbeitsverfahren und Arbeitsabläufen. Das bedeutet, dass der Betriebsrat bereits im **Planungsstadium** zum Einsatz solcher Technik beratend einzubinden ist. Leider ist gesetzlich nicht definiert worden, was unter Künstlicher Intelligenz zu verstehen ist. Es ist jedoch davon auszugehen, dass der Gesetzgeber diesen Begriff weit auslegen und sämtliche Formen der KI hiervon erfassen will. Umfasst sind damit alle Systeme, gleich ob mittels Soft- oder Hardware, die auf der Basis von Methoden aus dem Bereich der Mathematik und Informatik konkrete Anwendungsprobleme und Fragestellungen lösen und die dabei

zur Selbstoptimierung in der Lage sind. KI-Anwendungen enthalten in der Regel selbstlernende Algorithmen.[28]
In allen diesen Fällen muss die Information noch **vor** der Umsetzung der veränderten Gestaltung erfolgen. Der Arbeitgeber muss dem Betriebsrat genug Zeit geben, damit dieser die Maßnahme bewerten und sich überlegen kann, ob er sie mittragen kann oder ob er dem Arbeitgeber Alternativen unterbreiten will. Anschließend muss der Arbeitgeber mit dem Betriebsrat über dessen Haltung diskutieren.
Inhaltlich muss der Arbeitgeber dem Betriebsrat, damit dieser sein Beratungsrecht ausüben kann, nicht nur die konkrete vorgesehene Maßnahme mitteilen, sondern darüber hinaus auch deren Auswirkungen auf die Beschäftigten, also auf deren Tätigkeit sowie die veränderten Anforderungen. Denn hierauf bezieht sich das Beratungsrecht des Betriebsrats (§ 90 Abs. 2 BetrVG). Bei ihren Beratungen sollen die Betriebsparteien arbeitswissenschaftliche Erkenntnisse in Bezug auf die geplanten Veränderungen berücksichtigen.

3. Beratung bei der Personalplanung

Betriebsrat kann Vorschläge für die Einführung einer Personalplanung machen

Auch im Bereich der Personalplanung sieht das BetrVG ein Beratungsrecht des Betriebsrats vor (§ 92 BetrVG). Der Begriff der Personalplanung ist dabei weit zu verstehen und umfasst

- die Personalbedarfsplanung,
- die Personaleinsatzplanung und
- die Personalentwicklungsplanung.

Es geht also um die Entwicklung des Personals in der Zukunft, sowohl nach der Anzahl der Beschäftigten, als auch nach deren Qualifikation sowie deren Fortentwicklung. Eine Schwierigkeit besteht darin, dass ein dahingehendes Beratungsrecht nur dann bestehen soll, wenn der Arbeitgeber tatsächlich eine Personalplanung vornimmt. Zwar ist kaum vorstellbar, dass ein Unternehmen in Zeiten der starken Veränderung der Arbeitsvorgänge durch die Digitalisierung und andere technische Innovationen keine Personalplanung vornimmt. Dennoch sind Betriebsräte immer wieder mit dem Argument konfrontiert, der Arbeitgeber nehme eine solche nicht vor. Dem Betriebsrat bleibt dann nur übrig, entweder nachzuweisen, dass der Arbeitgeber es doch tut (was häufig sehr schwer

28 Definition aus Wedde, Peter: Automatisierung im Personalmanagement – arbeitsrechtliche Aspekte und Beschäftigtendatenschutz, 2. 3. 2020, Seite 4.

ist), oder konkrete Vorschläge im Bereich der Personalplanung zu unterbreiten, z. B. eine Personalbedarfsplanung für einen bestimmten Bereich (§ 92 Abs. 2 BetrVG). Dann muss der Arbeitgeber sich damit beschäftigen und die Vorschläge mit dem Betriebsrat besprechen.

4. Beratungsrecht bei Beschäftigungssicherung

Betriebsrat kann dem Arbeitgeber Vorschläge unterbreiten

Ein wichtiges Beratungsrecht findet sich im Bereich der **Beschäftigungssicherung**. Danach ist der Betriebsrat berechtigt, dem Arbeitgeber Vorschläge zur Sicherung und Förderung der Beschäftigung zu unterbreiten (§ 92a BetrVG).

Die Vorschläge können folgende Themen zum Gegenstand haben:

- eine flexible Gestaltung der Arbeitszeit,
- die Förderung von Teilzeitarbeit und Altersteilzeit,
- neue Formen der Arbeitsorganisation,
- Änderungen der Arbeitsverfahren und Arbeitsabläufe,
- die Qualifizierung der Arbeitnehmer,
- Alternativen zur Ausgliederung von Arbeit oder ihrer Vergabe an andere Unternehmen sowie zum Produktions- und Investitionsprogramm.

Der Betriebsrat kann aber auch andere Vorschläge unterbreiten, um nicht nur die Anzahl der Arbeitsplätze zu sichern, sondern auch das Qualifikationsniveau zu erhalten. Der Betriebsrat muss also nicht auf Vorschläge des Arbeitgebers warten, sondern kann von sich aus solche aktiv entwickeln und vorbringen. Über diese Vorschläge muss der Arbeitgeber mit dem Betriebsrat beraten. In größeren Betrieben mit mehr als 100 Beschäftigten muss er darüber hinaus eine Ablehnung der Vorschläge schriftlich begründen. Dieses Beratungsrecht des Betriebsrats bietet damit ein aktives Gestaltungsrecht; der Betriebsrat ist nicht auf ein bloßes Reagieren beschränkt, sondern kann von sich aus die Initiative ergreifen und konkrete Maßnahmen vorschlagen. Er ist nicht auf die Initiative des Arbeitgebers angewiesen. Das macht es zu einem sehr bedeutsamen Instrument des Betriebsrats.

Durch kluges Vorgehen kann der Betriebsrat bestimmte Themen auf die Agenda der Gespräche mit dem Arbeitgeber bringen, damit diese nicht untergehen und verschwiegen werden. !

5. Beratungsrecht bei der Berufsbildung

Tatsächlicher Berufsbildungsbedarf der Belegschaft

Ein weiteres Beratungsrecht steht dem Betriebsrat im Bereich der **beruflichen Bildung und Weiterbildung** zu (§ 96 Abs. 1 BetrVG). Auf Verlangen des Betriebsrats hat der Arbeitgeber den tatsächlichen **Berufsbildungsbedarf** der Belegschaft zu ermitteln. Das bedeutet, dass der Arbeitgeber diese Bedarfsermittlung nicht von sich aus durchführen muss. Der Betriebsrat kann durch sein aktives Verlangen diesen jedoch dazu zwingen, dies zu tun. Liegt ein solches Verlangen des Betriebsrats vor, ist also zu ermitteln, welche Qualifikationen und Fähigkeiten die Beschäftigten tatsächlich haben und welche sie aktuell sowie zukünftig brauchen. Auf der Grundlage dieser Erkenntnisse hat der Arbeitgeber mit dem Betriebsrat Fragen der beruflichen Bildung im Betrieb beraten. Der Betriebsrat kann also Vorschläge unterbreiten, ob, wie und in welchen Bereichen berufliche Qualifizierungsmaßnahmen für einzelne Beschäftigte oder Beschäftigtengruppen erforderlich sind oder sein werden. Diese Vorschläge darf der Arbeitgeber nicht einfach in die Schublade legen, sondern muss sie mit dem Betriebsrat diskutieren und im Zweifel begründen, warum er diese Vorschläge ablehnt.

Einigungsstelle anrufen

Dieses Beratungsrecht ist im Sommer 2021 gestärkt worden. Lehnt der Arbeitgeber Vorschläge des Betriebsrats zur Einführung von beruflicher Bildung ab, so kann dieser die Einigungsstelle zur Vermittlung anrufen (§ 96 Abs. 1a BetrVG). Die Einigungsstelle hat zwar nicht das Recht, die fehlende Einigung zwischen Arbeitgeber und Betriebsrat zu ersetzen, dies hat der Gesetzgeber ausdrücklich nicht vorgesehen; das bedeutet, dass der Betriebsrat seine Vorschläge rechtlich nicht durchsetzen kann. Allerdings ist der Begründungsaufwand für den Arbeitgeber nochmals deutlich erhöht, wenn er seine ablehnende Haltung gegenüber gut begründeten Vorschlägen des Betriebsrats nunmehr auch im Rahmen einer Einigungsstelle und insbesondere gegenüber einem Vorsitzenden der Einigungsstelle begründen muss. Damit kann das Beratungsrecht in Bezug auf die Einführung von Maßnahmen der beruflichen Bildung – ähnlich wie bei Beratungen über beschäftigungssichernde Maßnahmen – zu einem betriebspolitischen Instrument werden, das kluge und interessenorientierte Handlungsmöglichkeiten gibt.[29] In Zeiten des technologischen Wandels ist daher die aktive Nutzung dieses Beratungsrechts von besonderer Bedeutung und kann Beschäftigung sichern. Daher ist es wünschenswert,

29 Zum Umgang mit den Beteiligungsrechten im Zusammenhang mit betrieblicher Qualifizierung vergleiche: Wedde, Peter: Fit für die digitale Arbeitswelt, Digitalisierung und Qualifizierung in »Computer und Arbeit« 1/2022, Seite 13 ff.

wenn Betriebsräte hiervon häufig und verstärkt Gebrauch machen und hierdurch aktiv das Thema Qualifizierung zu ihrem Thema machen.

6. Verstöße gegen das Beratungsrecht

Unterlassungsanspruch des Betriebsrats

Alle Beratungsrechten haben gemeinsam, dass der Arbeitgeber sie zu beachten hat, und zwar **vor** Umsetzung der Maßnahme. Hält der Arbeitgeber sich nicht daran, steht dem Betriebsrat ein Unterlassungsanspruch zu. Dieser ist in § 23 Abs. 3 BetrVG geregelt und setzt ein grobes Verschulden voraus.

Grobes Verschulden

Begriffserklärung:
Von einem groben Verschulden ist auszugehen, wenn der Arbeitgeber mehrfach und offenkundig gegen seine Verpflichtung aus dem BetrVG verstößt,[30] in diesem Fall die Beratungsrechte des Betriebsrats missachtet.

!

Ein solches Verschulden ist bei einem einmaligen Verstoß regelmäßig nicht gegeben, so dass es nicht leicht ist, diesen Unterlassungsanspruch durchzusetzen.

Hinweis:
Dennoch sollte der Betriebsrat auch den einmaligen Verstoß des Arbeitgebers nicht einfach hinnehmen, sondern ihn vielmehr in einer Mail oder in einem Schreiben darauf hinweisen, dass er ein Beratungsrecht des Betriebsrats missachtet hat und ihn auffordern, dies zukünftig zu unterlassen. Dann kann der Arbeitgeber sich in einem zweiten Fall nicht auf Unkenntnis berufen. Ein zweiter Fall kann also gegebenenfalls schon das grobe Verschulden begründen. Verweigert der Arbeitgeber Gespräche in Bezug auf konkrete Beratungsgegenstände, z.B. den Umbau von Büroräumen oder über Vorschläge zur Beschäftigungssicherung, so kann der Betriebsrat diese rechtlich einfordern und auch vor dem Arbeitsgericht im Wege eines Durchführungsanspruchs durchsetzen. § 23 Abs. 3 BetrVG umfasst nämlich neben dem Unterlassungsanspruch auch die Möglichkeit, den Arbeitgeber zu einer konkreten Handlung, hier die Erörterung der Vorschläge, zu zwingen. Dulden die Gespräche keinen zeitlichen Aufschub, etwa weil das Bauunternehmen die Baustelle schon einrichtet, kann dies auch im Rahmen eines Eilverfahrens, das einstweilige Verfügung genannt wird, durchgesetzt werden.

30 BAG 7.2.2012 – 1 ABR 77/10.

VI. Anhörungsrecht bei Ausspruch von Kündigungen

1. Kündigung und Betriebsratsbeteiligung

Betriebsratsanhörung vor einer Kündigung

Will der Arbeitgeber eine Kündigung eines Arbeitsverhältnisses aussprechen, muss er vorher den Betriebsrat anhören. Wie die Betriebsratsanhörung zu erfolgen hat und welche Möglichkeiten der Betriebsrat hat, auf dieses Ansinnen des Arbeitgebers zu reagieren, ergibt sich aus § 102 BetrVG. Dabei ist wichtig, dass die Reaktion des Betriebsrats, nämlich Bedenken zu äußern oder der Kündigung zu widersprechen, an die Einhaltung einer Frist gebunden ist und außerdem in einer bestimmten Art und Weise erfolgen muss.

Merkliste zum Anhörungsrecht bei Kündigungen auf Seite 117

Begriffserklärung:
Unter einer Kündigung ist die Beendigung des Arbeitsverhältnisses durch eine einseitige Willenserklärung zu verstehen. Dies bedeutet, dass eine Vertragspartei durch Abgabe einer schriftlichen Erklärung bestimmt, dass das Arbeitsverhältnis zu einem bestimmten Zeitpunkt enden soll. Eine Kündigung kann sowohl von den Beschäftigten als auch vom Arbeitgeber ausgesprochen werden.

Der Betriebsrat ist jedoch nur bei Ausspruch einer Kündigung durch den Arbeitgeber anzuhören, nicht aber bei einer Eigenkündigung der Beschäftigten.

a. Ordentliche Kündigung

Näheres zum Kündigungsrecht in Band 6

Ordentliche und außerordentliche Kündigung

Im Kündigungsrecht wird unterschieden zwischen einer ordentlichen Kündigung und einer außerordentlichen Kündigung. Bei einer **ordentlichen Kündigung** endet das Arbeitsverhältnis mit Ablauf der Kündigungsfrist, die in dem einzelnen Arbeitsverhältnis gilt. Die Kündigungsfrist ergibt sich entweder aus dem Arbeitsvertrag, dem Tarifvertrag oder aus dem Gesetz. Das Gesetz ist in diesem Fall § 622 Abs. 2 BGB. Dabei gilt der Grundsatz, dass die Kündigungsfrist, die der Arbeitgeber einzuhalten hat, sich mit zunehmender Betriebszugehörigkeit verlängert.

b. Außerordentliche Kündigung

Bei einer **außerordentlichen Kündigung**, die im BGB fristlose Kündigung genannt wird, endet das Arbeitsverhältnis ohne Einhaltung der Kündigungsfrist. Die Kündigungsfrist wird also abgekürzt; meistens endet das Arbeitsverhältnis sofort. Da die außerordentliche Kündigung die massivsten Folgen für die Beschäftigten hat, gelten für sie besondere Voraussetzungen. Sie darf nur ausgesprochen werden, wenn ein wichtiger Grund vorliegt, so dass es dem Arbeitgeber nicht zugemutet werden kann, die Kündigungsfrist einzuhalten (vgl. § 626 BGB). Außerdem muss sie schnell ausgesprochen werden, nämlich spätestens zwei Wochen nach Bekanntwerden der Vorwürfe, die zur fristlosen Kündigung führen.

2. Zeitpunkt der Betriebsratsanhörung

Anhörung vor jeder Kündigung

Das Anhörungsrecht des Betriebsrats besteht für beide Formen der Kündigung durch den Arbeitgeber. Das ist eindeutig in **§ 102 Abs. 1 Satz 1 BetrVG** geregelt. Dort heißt es:

»Der Betriebsrat ist vor jeder Kündigung zu hören.«

Das bedeutet, dass der Arbeitgeber vor Ausspruch einer Kündigung den Betriebsrat beteiligen **muss**. Es ist also gleichgültig, ob der Arbeitgeber eine ordentliche oder eine außerordentliche Kündigung aussprechen will. Es spielt auch keine Rolle, ob die Probe- bzw. Wartezeit bereits abgelaufen ist oder nicht. Der Betriebsrat muss vor **jeder** Kündigung beteiligt werden. Wichtig ist dabei, dass der Betriebsrat angehört werden muss, noch **bevor** die Kündigung gegenüber dem betroffenen Beschäftigten ausgesprochen wird. Erklärt der Arbeitgeber die Kündigung, ohne den Betriebsrat anzuhören, oder hört er den Betriebsrat erst nach dem Ausspruch der Kündigung an, ist diese unwirksam (§ 102 Abs. 1 Satz 3 BetrVG).

Hinweis:
Verletzt der Arbeitgeber das Anhörungsrecht des Betriebsrats, hat das unmittelbare Folgen: die Kündigung ist **unwirksam** und kann das Arbeitsverhältnis nicht beenden. Voraussetzung ist aber, dass der betroffene Beschäf-

tigte sich gegen die Kündigung wehrt und vor dem Arbeitsgericht eine Kündigungsschutzklage einreicht.

3. Anhörung durch den Arbeitgeber

Form der Anhörung

Die Anhörung des Betriebsrats hat durch den Arbeitgeber zu erfolgen. Hierzu muss er dem Betriebsrat die Gründe für die von ihm beabsichtigte Kündigung mitteilen (§ 102 Abs. 1 Satz 2 BetrVG). Der Arbeitgeber hat den Betriebsrat über die der Kündigung zugrunde liegenden Tatsachen zu unterrichten und zu informieren. Das BetrVG sieht für den Arbeitgeber keine bestimmte Form der Information vor. Denkbar sind also auch eine mündliche Anhörung und Informationserteilung. Stützt der Arbeitgeber seine Kündigungsabsicht aber auf bestimmte Unterlagen und Dokumente, so sind diese dem Betriebsrat vorzulegen.

Beispiel:
Das ist der Fall, wenn der Arbeitgeber eine verhaltensbedingte Kündigung aussprechen will und der Beschäftigte bereits eine schriftliche Abmahnung erhalten hat. Dann muss dem Betriebsrat diese in Kopie vorgelegt werden.

Arbeitgeber muss Kündigungsgründe darlegen

Sinn und Zweck des Anhörungsrechts ist es, den Betriebsrat in die Lage zu versetzen, sachgerecht auf die Entscheidung des Arbeitgebers zu reagieren sowie die Stichhaltigkeit und Gewichtung der Gründe zu bewerten.[31] Daher muss der Arbeitgeber dem Betriebsrat die Kündigungsgründe unter Angabe von Tatsachen so vollständig darlegen, dass der Betriebsrat ohne eigene Nachforschungen sich eine eigene Meinung über diese bilden kann.[32] So muss er bei einer verhaltensbedingten Kündigung dem Betriebsrat auch die zuvor erteilten Abmahnungen vorlegen sowie deren Hintergründe darlegen.[33]

! **Der Arbeitgeber muss dem Betriebsrat alle Informationen geben, die ihn selbst dazu bewogen haben, das Arbeitsverhältnis zu beenden. Dabei darf er keine Tatsachen verschweigen oder fehlerhaft darstellen.**

---

31 BAG 5.12.2019 – 2 AZR 240/19.
32 BAG 26.3.2015 – 2 AZR 417/14.
33 LAG Köln 20.10.2022 – 8 Sa 465/22.

Der Umfang sowie der Inhalt der Informationen und Tatsachen, die der Arbeitgeber dem Betriebsrat mitteilen muss, hängen davon ab, auf welche Gründe der Arbeitgeber seine Entscheidung zur Kündigung stützt. Zu den erforderlichen Informationen gehören immer auch die persönlichen Daten der betroffenen Beschäftigten. Dazu gehören:

- das Lebensalter,
- die Betriebszugehörigkeit,
- eine eventuelle Schwerbehinderung,
- das Vorliegen von Unterhaltspflichten,
- das Vorliegen von besonderen persönlichen Umständen oder
- das Bestehen eines besonderen Kündigungsschutzes[34]
- und die ausgeübte Tätigkeit.

Denn nur anhand dieser Informationen kann der Betriebsrat einschätzen, wie schwer die Folgen der Kündigung die Beschäftigten treffen, insbesondere ob ein besonderes Arbeitsmarkt- und Lebensrisiko eintreten wird.

Keine reine Informationsweitergabe

Dem Betriebsrat sind ebenfalls der Kündigungstermin und die Art der beabsichtigten Kündigung – ob eine ordentliche oder fristlose Kündigung ausgesprochen werden soll – mitzuteilen.[35] Weiterhin muss aus der Erklärung des Arbeitgebers eindeutig hervorgehen, dass es nicht nur um eine Information in Bezug auf einen betroffenen Beschäftigten geht. Er muss darüber hinaus eindeutig klarmachen, dass er den Betriebsrat um Stellungnahme bittet und ihn anhört. Er muss also erklären, dass er den Betriebsrat zu dem eingereichten Kündigungsansinnen beteiligen will.

4. Die Reaktion des Betriebsrats: Bedenken und Widerspruch

Bedenken und Widerspruch

Auf die Anhörung kann der Betriebsrat in unterschiedlicher Form reagieren: er kann **Bedenken** äußern oder der Kündigung widersprechen. Er kann aber auch beides gleichzeitig tun. Ein **Widerspruch** des Betriebsrats setzt voraus, dass bestimmte im Gesetz genannte Gründe vorliegen.

Gem. § **102 Abs. 3 BetrVG** kann der Betriebsrat bei folgenden Gründen widersprechen:

Näheres zu den Widerspruchsgründen unter VI. 9. ab Seite 54ff.

- der Arbeitgeber hat bei der Auswahl des zu kündigenden Arbeitnehmers soziale Gesichtspunkte nicht oder nicht ausreichend berücksichtigt,

34 BAG 23.10.2014 – 2 AZR 865/13.
35 BAG 26.3.2015 – 2 AZR 517/14.

- die Kündigung verstößt gegen eine Richtlinie nach § 95,
- der zu kündigende Arbeitnehmer kann an einem anderen Arbeitsplatz im selben Betrieb oder in einem anderen Betrieb des Unternehmens weiterbeschäftigt werden,
- die Weiterbeschäftigung des Arbeitnehmers ist nach zumutbaren Umschulungs- oder Fortbildungsmaßnahmen möglich oder
- eine Weiterbeschäftigung des Arbeitnehmers ist unter geänderten Vertragsbedingungen möglich und der Arbeitnehmer hat sein Einverständnis hiermit erklärt.

! **Nur wenn ein Widerspruchsgrund nach § 102 Abs. 3 BetrVG vorliegt, hat der Betriebsrat das Recht, der beantragten Kündigung zu widersprechen.**

Die Möglichkeit, einer Kündigung zu widersprechen, besteht nur, wenn der Arbeitgeber eine ordentliche Kündigung aussprechen will. Bei einer fristlosen Kündigung besteht kein Widerspruchsrecht.

! **Das bedeutet, dass der Betriebsrat bei einer fristlosen Kündigung ausschließlich Bedenken vortragen kann. Bei einer ordentlichen Kündigung steht dem Betriebsrat das Recht zu, Bedenken zu äußern und einen Widerspruch zu fertigen.**

Bedenken äußern

Bedenken kann der Betriebsrat damit immer äußern. Diese sind nicht an das Vorliegen bestimmter im Gesetz vorgesehener Gründe gebunden. Mit dem Äußern von Bedenken soll der Betriebsrat die Möglichkeit haben, alle für ihn relevanten Einwände gegen die Kündigungsabsicht des Arbeitgebers vorzutragen.

5. Rücksprache mit dem Betroffenen

Gespräch mit dem Beschäftigten

Bevor der Betriebsrat zu dem Kündigungsansinnen des Arbeitgebers Stellung nimmt, sollte er sich mit dem Betroffenen treffen, mit ihm die beabsichtigte Kündigung besprechen und ihn anhören (§ 102 Abs. 2 Satz 4 BetrVG). Das ist wichtig, um auch die Sichtweise des Beschäftigten in Bezug auf die beabsichtigte Kündigung zu kennen und um persönliche Umstände zu erfahren, die dem Arbeitgeber, aber auch dem Betriebsrat möglicherweise unbekannt sind oder vom Arbeitgeber verschwiegen werden.

Der Betriebsrat sollte von diesem vom BetrVG ausdrücklich benannten Instrument unbedingt Gebrauch machen, da Beschäftigte sich in einem Personalgespräch mit dem Arbeitgeber erfahrungsgemäß anders äußern und verhalten als in einem vertrauteren Umfeld, dass ihm der Betriebsrat bieten sollte. **!**

6. Frist zur Äußerung des Betriebsrats

Da der Betriebsrat Rücksprache mit den Betroffenen nehmen soll und die vom Arbeitgeber vorgetragenen Argumente bewerten muss, kann er nicht sofort reagieren. Das BetrVG räumt ihm deshalb eine Bearbeitungszeit ein.

Wichtig ist, die im Gesetz genannte Frist für die Bedenken und auch für den Widerspruch einzuhalten. **!**

Unterschiedliche Fristen bei ordentlicher und außerordentlicher Kündigung

Die Frist ist dabei je nach Kündigungsform verschieden. Zu unterscheiden sind die ordentliche und die außerordentliche Kündigung (vergleiche zu den Begriffen oben VI. 1. a. und b., Seite 46f.). Will der Arbeitgeber eine **außerordentliche Kündigung** aussprechen und hört den Betriebsrat hierzu an, beträgt die Frist zur Stellungnahme, also zum Vortragen von Bedenken, nur **drei Tage** (§ 102 Abs. 2 Satz 3 BetrVG). Gemeint sind dabei Kalendertage, nicht Arbeitstage. Das ist für die Berechnung der Frist wichtig. Der Tag, an dem die Anhörung beim Betriebsrat eingeht, wird für die Fristberechnung nicht mitgerechnet, die Frist beginnt erst am Folgetag. Die Frist endet also am dritten Tag nach diesem Folgetag. Das ergibt sich aus § 187 Abs. 1 BGB.

Beispiele zur Fristberechnung:
1. Geht die Anhörung beim Betriebsrat am Montag ein, so beginnt die Frist am Dienstag und endet am Donnerstag. Der Betriebsrat muss also bis spätestens Donnerstag seine Bedenken gegenüber dem Arbeitgeber erklärt haben.
2. Geht die Anhörung an einem Freitag ein, so beginnt die Frist an einem Samstag und endet am Montag. In diesem Fall verkürzt das Wochenende die Bearbeitungszeit des Betriebsrats. Das ist so leider zulässig. Der Betriebsrat oder Personalausschuss muss sich hierauf einstellen und ggf. eine Sondersitzung abhalten.
3. Fällt der letzte Tag der Frist auf einen Samstag oder einen Sonn- oder Feiertag, so verlängert sich die Frist auf den nächsten Arbeitstag. Reicht

> der Arbeitgeber die Anhörung zur außerordentlichen Kündigung also an einem Donnerstag ein, so beginnt die Frist am Freitag und endet nicht am Sonntag, sondern am Montag.

Bei einer **ordentlichen Kündigung** ist die Frist ein bisschen länger und beträgt **eine Woche** (§ 102 Abs. 2 Satz 1 BetrVG). Hier zählt wiederum der Tag, an dem die Anhörung eingeht, nicht zur Fristberechnung mit. Die Frist beginnt am Folgetag und endet am letzten Tag der Folgewoche, welcher durch seine Benennung dem Tag entspricht, an dem die Anhörung eingegangen ist. Das ergibt sich aus §§ 187 Abs. 1, 188 Abs. 2 BGB. Das hört sich kompliziert an, ist aber leicht zu merken:

> **Beispiel zur Fristberechnung:**
> Wenn die Anhörung des Arbeitgebers an einem Mittwoch eingeht, endet die Frist in der Folgewoche am Mittwoch. Und so ist es mit allen Wochentagen. Aber auch hier gilt: Fällt das Ende der Frist auf einen Feiertag, dann endet die Frist am folgenden Arbeitstag.

Diese unterschiedlichen Fristen gelten auch dann, wenn der Arbeitgeber den Betriebsrat zu einer **außerordentlichen, hilfsweise ordentlichen Kündigung** anhört. Damit ist gemeint, dass der Arbeitgeber das Arbeitsverhältnis vorrangig fristlos kündigen will. Aber für den Fall, dass das Arbeitsgericht davon ausgeht, dass die Gründe für eine solche Kündigung nicht ausreichen, will er sicher gehen, und zusätzlich eine ordentliche Kündigung aussprechen. In einem solchen Fall will der Arbeitgeber also zwei Kündigungen erklären. Daher hört er den Betriebsrat auch zu zwei Kündigungen an. Deshalb laufen zwei verschiedene Fristen: für die außerordentliche Kündigung die Frist von drei Tagen und für die ordentliche Kündigung die Wochenfrist.

> **Hinweis:**
> In diesen Fällen sollte der Betriebsrat aus taktischen Gründen beide Fristen auszunutzen, d. h.:
> - Nach drei Tagen seine Bedenken zur außerordentlichen Kündigung äußern.
> - Und erst nach einer Woche seine Bedenken zur ordentlichen Kündigung äußern und ggf. der Kündigung widersprechen.
> - Aus der Stellungnahme des Betriebsrats muss eindeutig hervorgehen, auf welche Kündigung er sich bezieht.

Die Stellungnahmefristen für den Betriebsrat können mit Zustimmung des Arbeitgebers verlängert werden.[36] Der Arbeitgeber ist aber auch bei Massenkündigungen im Rahmen von Personalabbaumaßnahmen nicht verpflichtet, sich auf eine Fristverlängerung einzulassen. Kommt keine Einigung über eine Fristverlängerung zustande, verbleibt es bei den in § 102 BetrVG genannten Fristen.

Wichtig zu wissen ist, dass der Betriebsrat die Fristen nicht ausnutzen muss; er kann auch vor Ablauf der Frist eine Stellungnahme abgeben. Das kann aber zur Folge haben, dass der Arbeitgeber früher kündigen kann. Das ist immer dann der Fall, wenn sich aus der vorzeitigen Stellungnahme ergibt, dass diese abschließend ist und der Betriebsrat sich auf keinen Fall nochmals hierzu äußern will.[37] Ist mit der Stellungnahme z. B. eine Rückfrage des Betriebsrats verbunden, kann nicht von einer abschließenden Stellungnahme ausgegangen werden. Macht der Betriebsrat von einer solchen Möglichkeit der vorzeitigen Stellungnahme Gebrauch, sollte er immer die Folgen für die Beschäftigten bedenken und mitberücksichtigen.

7. Folge der Fristversäumnis

Zustimmung des Betriebsrats wird unterstellt

Der Betriebsrat muss nicht so schnell wie möglich auf die beabsichtigte Kündigung reagieren. Er kann die Frist vollständig ausnutzen und auch am letzten Tag noch seine Stellungnahme abgeben.

!

Versäumt der Betriebsrat die Frist und gibt seine Stellungnahme zu spät oder gar nicht ab, gilt seine Zustimmung zur Kündigungsabsicht als erteilt (§ 102 Abs. 2 Satz 2 BetrVG). Das bedeutet, sein Schweigen oder das Versäumen der Frist wird so gewertet, als ob er der Kündigung zugestimmt hätte. Diese »unterstellte Zustimmung« des Betriebsrats sollte vermieden werden. Denn sie hat Folgen für die betroffenen Beschäftigten, jedenfalls dann, wenn sie sich im Rahmen einer Kündigungsschutzklage wehren wollen.

36 BAG 23.8.2016 – 1 ABR 22/14.

37 BAG 25.5.2016 – 2 AZR 345/15; LAG Düsseldorf 4.10.2022 – 3 Sa 374/22; BAG 10.3.2009 – 1 ABR 93/07.

8. Schriftform der Stellungnahme

Handschriftliche Unterschrift

Der Betriebsrat muss jedoch nicht nur die Frist einhalten, sondern er muss seine Bedenken und seinen Widerspruch auch in einer bestimmten Form erstellen. Beide müssen schriftlich erfolgen (§ 102 Abs. 2 BetrVG).

Begriffserklärung:
Schriftlich heißt, dass das Schreiben mit der handschriftlichen Unterschrift des Vorsitzenden des Betriebsrats oder des Stellvertreters versehen sein muss. Eine E-Mail ist ausnahmsweise zulässig und genügt diesen Anforderungen nur, wenn die Person des Erklärenden – also der Vorsitzende bzw. der stellvertretende Vorsitzende – als Absender eindeutig erkennbar ist.[38] Dabei ist vor allem bei nicht freigestellten Betriebsräten wichtig, dass erkennbar ist, dass es sich um eine Erklärung des Betriebsrats handelt.

E-Mail ausnahmsweise zulässig

Nutzt der Betriebsrat E-Mails, sollte der Name des Unterzeichnenden ausgeschrieben werden. Außerdem sollte die Signatur, also die Angabe zum Absender, so verfasst sein, dass erkennbar der Betriebsrat als Absender hervorgeht. Noch rechtssicherer ist es, eine eigene E-Mail-Adresse für den Betriebsrat einzurichten und diese zu verwenden. Man muss zudem mit dem Arbeitgeber absprechen, dass Stellungnahmen des Betriebsrats auch per Mail übersandt werden können.

! **Wichtig ist es, die Form auf jeden Fall einzuhalten. Andernfalls ist die Stellungnahme des Betriebsrats unwirksam und seine Zustimmung zur Kündigung gilt als erteilt.**

9. Angabe von Widerspruchsgründen

Widerspruchsgründe des BetrVG

Will der Betriebsrat der vom Arbeitgeber beabsichtigten Kündigung widersprechen und nicht nur Bedenken äußern, muss er Gründe angeben, auf die er seinen Widerspruch stützt (§ 102 Abs. 2 BetrVG). Die Gründe, die ihn zum Widerspruch berechtigen, sind im Gesetz selbst, nämlich in § 102 Abs. 3 BetrVG, genannt. Der Betriebsrat kann einer Kündigung ausschließlich aus den dort genannten Gründen widersprechen. Findet der Betriebsrat noch andere Argumente, kann er diese in Form von Bedenken ausdrücken.

38 BAG 10.3.2009 – 1 ABR 93/07.

Wichtig ist, dass der Betriebsrat bei seinem Widerspruch nicht nur das Gesetz abschreibt. Er muss vielmehr ganz konkrete Tatsachen benennen und aufschreiben, die belegen, dass mindestens einer der genannten Gründe im konkreten Einzelfall vorliegt. !

Das erscheint ein bisschen mühsam. Durch ein bisschen Übung kann das aber jeder lernen und schließlich hat der Betriebsrat ja auch ein paar Tage Zeit. Dies zeigt, dass es wichtig ist, sich mit den Angaben des Arbeitgebers auseinanderzusetzen, damit Gegenargumente gefunden und aufgezeigt werden können.

Hinweis:
Der Betriebsrat sollte die Situation im Betrieb und die Sichtweise der betroffenen Beschäftigten kennen, um die Situation vollständig bewerten zu können. Deshalb ist es wichtig, sich in der konkreten Situation, mit den Beschäftigten zusammenzusetzen und ihre Sicht zu hören.

a. Soziale Gesichtspunkte

§ 102 Abs. 3 Nr. 1 BetrVG

Der erste Widerspruchsgrund ist, dass bei der Auswahl des zu kündigenden Beschäftigten soziale Gesichtspunkte nicht ausreichend berücksichtigt sind (§ 102 Abs. 3 Nr. 1 BetrVG). Der Betriebsrat kann dabei auf besondere **persönliche Belange** hinweisen, die zu einer besonderen Belastung der betroffenen Beschäftigten führen und die der Arbeitgeber nicht berücksichtigt hat. Er kann auch aufführen, dass der Arbeitgeber bei seiner Entscheidung nicht alle vergleichbaren Beschäftigten berücksichtigt hat und damit die Kündigung die falschen trifft. Hier muss der Betriebsrat genau bezeichnen, welche anderen Beschäftigten vorrangig von einer Kündigung hätten betroffen sein müssen. Er muss zwar nicht unbedingt die anderen namentlich benennen. Er muss diese jedoch nach abstrakten Merkmalen so genau beschreiben, dass der Arbeitgeber eindeutig erkennen kann, wer gemeint ist,[39] z. B. durch Angabe der Personalnummer oder der konkreten Beschreibung einer Beschäftigtengruppe in einem bestimmten Team, wenn die Angaben so bestimmt sind, dass der Arbeitgeber erkennen kann, wen konkret der Betriebsrat meint.

Hinweis:
Das fällt vielen Betriebsräten schwer. Zu beachten ist dabei, dass nicht der Betriebsrat die Entscheidung zur Kündigung trifft. Verantwortlich bleibt der

---

39 BAG 9.7.2003 – 5 AZR 305/02.

Arbeitgeber. Der Betriebsrat kann durch seinen Widerspruch nur versuchen, Einfluss auf den Arbeitgeber zu nehmen, damit eine andere Entscheidung getroffen wird.

b. Verstoß gegen Auswahlrichtlinien

§ 102 Abs. 3 Nr. 2 BetrVG

Ein weiterer Widerspruchsgrund liegt vor, wenn die Kündigungsentscheidung gegen Auswahlrichtlinien verstößt (§ 102 Abs. 3 Nr. 2 BetrVG). Voraussetzung für einen solchen Grund ist immer, dass solche Richtlinien im Betrieb überhaupt vereinbart sind. Sie sind mitbestimmungspflichtig (§ 95 Abs. 1 BetrVG) und bedürfen immer der Zustimmung des Betriebsrats. In solchen **Richtlinien** wird vereinbart, wie die einzelnen Kriterien der Sozialauswahl bei Kündigungen zu gewichten sind. Dies erfolgt meist mit einem **Punkteschema**, in dem die Sozialdaten (Betriebszugehörigkeit, Lebensalter, Unterhaltspflichten und Schwerbehinderung) mit Hilfe von Punkten versehen werden und mit deren Hilfe dann errechnet wird, welche Beschäftigten konkret von einer Kündigung betroffen sind.

Hinweis:
Mit Blick darauf, dass solche Richtlinien die Verteidigungsmöglichkeiten der betroffenen Beschäftigten im Rahmen eines Kündigungsschutzverfahrens deutlich einschränken, sollte sich jeder Betriebsrat genau überlegen, ob und wann er diese mit dem Arbeitgeber vereinbart. Existieren Richtlinien, kann der Betriebsrat einer vom Arbeitgeber beabsichtigten Kündigung nur widersprechen, wenn hierdurch gegen diese verstoßen wird. Dabei muss der Betriebsrat genau beschreiben, inwiefern ein Verstoß gegen die im Betrieb gültige Richtlinie vorliegt.

Beispiel:
Das kann z. B. dann sein, wenn der Arbeitgeber eine Schwerbehinderung nicht berücksichtigt oder von zu wenigen Kindern ausgeht. Auch Berechnungsfehler beim Zusammenzählen der Punkte aus einem Punkteschema fallen hierunter.

Wichtig zu wissen ist dabei, dass das **Mitbestimmungsrecht** zur Aufstellung derartiger Auswahlrichtlinien nicht entfällt, wenn der Arbeitgeber hierfür KI-Systeme einsetzen will. Die Änderungen des BetrVG aus dem Sommer 2021 haben ausdrücklich klargestellt, dass auch bei Einsatz von KI-Systemen in diesem Bereich das Mitbestimmungsrecht ausdrücklich bestehen bleibt und gerade nicht entfällt (**§ 95 Abs. 2a BetrVG**).

c. Weiterbeschäftigung an einem anderen Arbeitsplatz

Ein weiterer Widerspruchsgrund für den Betriebsrat liegt vor, wenn die zu kündigenden Beschäftigten auf einem anderen Arbeitsplatz arbeiten bzw. eingesetzt werden können (§ 102 Abs. 3 Nr. 3 BetrVG). Das ist der Fall, wenn ein anderer **freier und gleichwertiger Arbeitsplatz** vorhanden ist, auf den der Beschäftigte versetzt werden kann.

§ 102 Abs. 3 Nr. 3 BetrVG

Der Betriebsrat muss die mögliche Weiterbeschäftigung, d.h. den freien Arbeitsplatz, in seinem Widerspruch genau bezeichnen. Der freie Arbeitsplatz kann entweder im Betrieb selbst oder in einem anderen Betrieb des Arbeitgebers vorhanden sein.
Zu beachten ist dabei, dass der Arbeitgeber keinen neuen oder anderen Arbeitsplatz schaffen muss; es geht ausschließlich um vorhandene Arbeitsplätze.

!

d. Weiterbeschäftigung nach zumutbarer Umschulung

Der Betriebsrat kann widersprechen, wenn es einen freien Arbeitsplatz gibt, den die Betroffenen einnehmen könnten, wenn sie eine zumutbare Umschulung- oder Fortbildungsmaßnahme erhalten (§ 102 Abs. 3 Nr. 4 BetrVG). Gemeint sind gleichwertige, freie Arbeitsplätze. Auch hier muss der Arbeitsplatz genau bezeichnet werden.

§ 102 Abs. 3 Nr. 4 BetrVG

Begriffserklärung:
Zumutbar ist in der Regel das, was die Beschäftigten innerhalb der in ihrem Arbeitsverhältnis geltenden Kündigungsfrist erlernen können. Zu berücksichtigen ist dabei das Wissen, dass die Beschäftigten konkret haben. Auch Wissen, das der Arbeitgeber bisher nicht abgerufen hat, die Beschäftigten aber z.B. aus privatem Interesse erworben haben, ist bei Beurteilung der Zumutbarkeit zu berücksichtigen.

e. Weiterbeschäftigung unter geänderten Umständen

Der Betriebsrat kann der Kündigung zudem widersprechen, wenn im Betrieb oder Unternehmen eine Weiterbeschäftigung auf einem anderen Arbeitsplatz mit geänderten Arbeitsbedingungen möglich ist (§ 102 Abs. 3 Nr. 5 BetrVG). Die Beschäftigten müssen sich mit diesen geänderten Bedingungen einverstanden erklärt haben.

§ 102 Abs. 3 Nr. 5 BetrVG

> **Hinweis:**
> Hier handelt es sich nicht um gleichwertige Arbeitsplätze, sondern um solche die weniger qualifiziert und/oder niedriger vergütet sind.
> Will der Betriebsrat auf einen solchen Umstand seinen Widerspruch stützen, muss er den freien Arbeitsplatz wiederum genau benennen.

Da die betroffenen Beschäftigten mit den geänderten Arbeitsbedingungen einverstanden sein müssen, muss der Arbeitgeber diese vor Ausspruch der Kündigung konkret anbieten. Dabei muss er deutlich machen, dass für den Fall der Ablehnung eine Beendigungskündigung ausgesprochen werden wird.
Diese Ausführungen machen deutlich, dass Betriebsratsmitglieder, die mit Kündigungsanhörungen konfrontiert sind, nicht nur die betriebsverfassungsrechtlichen Regelungen kennen sollten, sondern auch die Grundzüge des Kündigungsrechts. Einen Einstieg bieten sicher die Ausführungen im Band 6 dieser Reihe (Einführung ins Arbeitsrecht). Schulungen der Betriebsräte in diesem Bereich vertiefen die Kenntnisse und sollten zum Standard jedes Mitglieds gehören. Diese Schulungen sind in der Regel Grundlagenschulungen und damit grundsätzlich erforderlich.

10. Weiterbeschäftigungsanspruch bei Vorliegen eines Widerspruchs

Widerspruch hilft Beschäftigten im Betrieb zu bleiben

Wichtig für die Entscheidung, wie der Betriebsrat auf ein Kündigungsbegehren des Arbeitgebers reagiert, ist die Frage, welche Folge seine Stellungnahme hat. Dabei ist zunächst von Bedeutung, dass der Arbeitgeber die Kündigung gegenüber dem Beschäftigten aussprechen darf, und zwar auch dann, wenn der Betriebsrat Bedenken geäußert oder der Kündigung widersprochen hat.

! **Der Arbeitgeber kann sich über die Stellungnahme des Betriebsrats hinwegsetzen, denn weder die Bedenken noch der Widerspruch können juristisch die Kündigung verhindern. Widerspricht der Betriebsrat einer ordentlichen Kündigung form- und fristgemäß, haben die betroffenen Beschäftigten aber einen Weiterbeschäftigungsanspruch, der auch über die Kündigungsfrist hinaus fortbesteht.**

Weiterbeschäftigungsanspruch nur bei Widerspruch

Der Widerspruch sichert den Beschäftigten, die sich gegen die Kündigung vor dem Arbeitsgericht wehren, den Verbleib am Arbeitsplatz und im Betrieb auch über den Ablauf der Kündigungsfrist hinaus bis zum Abschluss des Kündigungsschutzverfahrens (§ 102 Abs. 5 BetrVG). Damit ist nicht nur eine Arbeitslosigkeit nach Ablauf der Kündigungsfrist vermieden. Der Verbleib im Betrieb gibt den Beschäftigten die Möglichkeit, weiterhin Teil der Belegschaft und damit nicht von betrieblichen Informationen abgeschnitten zu sein.

Ein Weiterbeschäftigungsanspruch besteht nur bei einem Widerspruch. Er besteht nicht, wenn der Betriebsrat nur Bedenken äußert. Da bei einer außerordentlichen Kündigung kein Widerspruchsrecht besteht und der Betriebsrat nur Bedenken äußern kann, kann er den Beschäftigten auch keine Weiterbeschäftigung sichern. Äußert der Betriebsrat im Rahmen einer ordentlichen Kündigung nur Bedenken und widerspricht nicht, so entsteht ebenfalls kein Weiterbeschäftigungsanspruch. !

Betriebsrat sollte Bedenken äußern

Aber auch vom Betriebsrat geäußerte Bedenken bleiben nicht wirkungslos. Sie können dem Gewerkschaftssekretär oder Anwalt der Beschäftigten helfen, die Zusammenhänge schneller und besser zu verstehen. Auch Arbeitsrichter lassen sich von gut begründeten Argumentationen des Betriebsrats beeinflussen und hinterfragen die Kündigungsentscheidung genauer.

Ist für den Betriebsrat die Möglichkeit des Widerspruchs nicht gegeben, sollte er sich mindestens die Mühe machen, Bedenken zu äußern. Schweigt der Betriebsrat zu einem Kündigungsbegehren, wird das vom Gesetz als seine Zustimmung gewertet. Das muss der Betriebsrat berücksichtigen, insbesondere dann, wenn die Beschäftigten sich gerichtlich gegen die Kündigung wehren wollen. !

VII. Zustimmungsverweigerungsrecht bei Einstellung, Versetzung, Ein- und Umgruppierung

Beteiligung bei personellen Einzelmaßnahmen

Auch bei anderen personellen Einzelmaßnahmen steht dem Betriebsrat ein Beteiligungsrecht zu, und zwar bei Einstellungen, Versetzungen, Eingruppierungen und Umgruppierungen.

> **Begriffserklärung:**
> Personelle Einzelmaßnahmen sind Maßnahmen, die einen einzelnen Beschäftigten betreffen.

Im Rahmen dieser Einzelmaßnahmen sind die Einflussmöglichkeiten des Betriebsrats etwas stärker ausgeprägt als beim Ausspruch von Kündigungen. Welche Rechte der Betriebsrat hierbei hat und wie das Verfahren abzulaufen hat, ergibt sich aus den §§ 99 bis 101 BetrVG.

1. Ausnahme: Kleinunternehmen

Kein Zustimmungsverweigerungsrecht bei Kleinunternehmen

Eine wichtige Einschränkung bei diesem Beteiligungsrecht ist gleich zu Beginn zu machen: in Unternehmen, die nicht mehr als zwanzig Arbeitnehmer beschäftigen, steht den Betriebsräten das Zustimmungsverweigerungsrecht nicht zu (§ 99 Abs. 1 Satz 1 BetrVG). Das bedeutet, dass in Kleinunternehmen der Betriebsrat bei den genannten personellen Maßnahmen nicht nach den §§ 99ff. BetrVG zu beteiligen ist. Dort besteht nur ein Informations- und Beratungsrecht nach den allgemeinen Regelungen der §§ 80 Abs. 2, 74 Abs. 1 BetrVG. **Aber Achtung:** das Gesetz stellt bei dieser Ausnahme auf das Unternehmen, nicht auf den Betrieb ab!

Unternehmen und Betrieb

> **Begriffserklärung:**
> **Unternehmen** ist der Arbeitgeber als juristische Person, also die Aktiengesellschaft (AG), die GmbH oder ähnliches. Der **Betrieb** ist dagegen der

einzelne Standort, an dem der Arbeitgeber mit den Beschäftigten seinen betriebswirtschaftlichen Zweck verfolgt und ausübt.

Beispiel:
Arbeiten in einem Betrieb beispielsweise nur 18 Beschäftigte, bestehen aber weitere Betriebe im Unternehmen, so stehen auch dem Betriebsrat in dem kleinen Betrieb die Rechte aus §§ 99ff. BetrVG zu! Denkbar ist das z.B., wenn ein Unternehmen einen Produktionsstandort hat, an dem viele Beschäftigte tätig sind, und einen Verwaltungsbetrieb, in dem nur 20 oder weniger Beschäftigte arbeiten. Dann haben dennoch beide Betriebsräte die Rechte aus §§ 99, 100 BetrVG, denn das Unternehmen – also der Vertragsarbeitgeber – hat insgesamt mehr als 20 Beschäftigte. Häufig ist dies auch im Einzelhandel gegeben, der sehr stark in Filialstrukturen organisiert ist; meist sind weniger als 20 Beschäftigte in einer Filiale tätig, insgesamt über alle Filialen arbeiten aber deutlich mehr als 20 Beschäftigte im Unternehmen. Auch in diesen Konstellationen stehen dann allen Betriebsräten die Beteiligungsrechte bei personellen Maßnahmen zu.

2. Gegenstände der Beteiligungsrechte

Vier Einzelmaßnahmen

Wenn man den ersten Absatz des § 99 BetrVG liest, so ist erkennbar, dass dieser insgesamt **vier verschiedene Gegenstände** erfasst:
- die Einstellung,
- die Versetzung,
- die Eingruppierung
- und die Umgruppierung.

Wie bei Kündigungen auch, handelt es sich um personelle Einzelmaßnahmen. Es sind also vier verschiedene Gegenstände umfasst, die nach den gleichen Regelungen behandelt werden. Die jeweilige Maßnahme betrifft einen konkreten Beschäftigten.

3. Die Einstellung

Begriff der Einstellung

Der Begriff der Einstellung ist im BetrVG nicht definiert, sondern von der Rechtsprechung des BAG entwickelt worden. Der Begriff ist weiter gefasst, als man häufig denkt und umfasst damit eine Vielzahl von Fallkonstellationen.

> **Begriffserklärung:**
> Eine beteiligungspflichtige Einstellung liegt immer dann vor, wenn eine Person in den Betrieb eingegliedert ist, um mit den dort tätigen Beschäftigten gemeinsam weisungsgebunden tätig zu sein. Für die Einstellung kommt es nicht darauf an, ob und mit wem die Beschäftigten einen (Arbeits-)Vertrag haben. Vielmehr liegt eine Einstellung immer dann vor, wenn Beschäftigte im Betrieb ihre Tätigkeit aufnehmen und dabei den Weisungen der Vorgesetzten des Betriebs unterliegen, wenn sie also dem Direktionsrecht des Arbeitgebers unterworfen sind.[40]

Das hat zur Folge, dass der Betriebsrat nicht nur zu beteiligen ist, wenn eine **Stammarbeitskraft** eingestellt wird, sondern auch dann, wenn der betroffene Beschäftigte mit einer dritten Person einen Vertrag abgeschlossen hat und er bei der Ausübung seiner Tätigkeit dem Weisungsrecht des Betriebs unterliegt. Das ist bei der Beschäftigung von **Leiharbeitnehmern** (also Beschäftigte, die mit einem anderen Arbeitgeber einen Arbeitsvertrag haben, mit dem Inhalt, dass sie in anderen Betrieben tätig sind, so genannte Arbeitnehmerüberlassung) immer gegeben. Aber auch bei anderen Formen des Einsatzes von Beschäftigten von Drittunternehmen ist dies denkbar, wenn diese den Weisungen der Vorgesetzten des Einsatzbetriebs unterliegen. Häufig werden auch **freie Mitarbeiter** oder Beschäftigte mit einem **Werkvertrag** im Betrieb eingesetzt. Auch in diesen Fällen des Einsatzes von Personen, die mit einem anderen als dem Arbeitgeber einen Vertrag haben, ist der Betriebsrat bei deren Einstellung zu beteiligen. Aber nur dann, wenn diese bei Ausübung ihrer Tätigkeit den Arbeitsanweisungen in Bezug auf die Art und Weise der Ausführung ihrer Arbeit sowie in Bezug auf den Ort und die Zeit ihrer Arbeitsleistung den Anweisungen des Betriebs unterliegen.

Betriebsübergreifende Vorgesetztenfunktion – Matrix-Struktur

Der Begriff der Einstellung setzt noch nicht einmal voraus, dass die Tätigkeiten des betroffenen Beschäftigten vom Betriebsgelände aus ausgeübt werden. Eine Einstellung ist nämlich sogar dann gegeben, wenn ein Beschäftigter, der in einem anderen Betrieb seinen Arbeitsplatz hat und von dort seine Tätigkeit ausübt, erstmals eine Vorgesetztenfunktion im Betrieb übertragen bekommt und Führungsaufgaben über Beschäftigte dieses Betriebs ausübt. Und zwar selbst dann, wenn er seinen Dienstsitz nicht im Betrieb, sondern in einem anderen Betrieb des Unternehmens hat.[41] Damit stellt die erstmalige Wahrnehmung einer betriebsübergreifenden Vorgesetztenfunktion eine Einstellung im Sinne des § 99 BetrVG im Be-

40 BAG 15.10.2013 – 1 ABR 25/12.
41 BAG 12.6.2019 – 1 ABR 5/18.

trieb der geführten Beschäftigten dar. Umgekehrt führt es aber nicht zu einer Einstellung der geführten Beschäftigten im Beschäftigungsbetrieb des Vorgesetzten, wenn dieser Vorgesetzte erstmals die fachliche Führung dieser Beschäftigten übernimmt und nicht an den Beschäftigungsort der geführten Beschäftigten wechselt. In diesem Fall verbleibt es bei der Zuordnung der geführten Beschäftigten zu deren Einsatzort.[42] Solche Konstellationen finden sich häufig auch in so genannten **Matrix-Strukturen**. Darunter versteht man Unternehmen, die ihre Führungsfunktionen standortübergreifend organisieren, aber auch Unternehmensgruppen, die die Führungsstrukturen unternehmensübergreifend aufstellen.

Unbefristeter und befristeter Einsatz

Der Begriff der Einstellung unterscheidet nicht zwischen unbefristetem und befristetem Einsatz. Beides ist eine Einstellung. Bei einem **befristeten Einsatz** ist zu beachten, dass jede Verlängerung des Einsatzes als eine Einstellung zu sehen und daher der Betriebsrat jeweils neu zu beteiligen ist.

Voll- und Teilzeit

Der Begriff unterscheidet auch nicht zwischen Voll- und **Teilzeit**, so dass auch die Einstellung geringfügig Beschäftigter (sogenannter Minijobber) der Beteiligung des Betriebsrats unterliegt. Es spielt ebenso keine Rolle, wo die Beschäftigten herkommen, daher ist die Versetzung eines Beschäftigten von einem anderen Betrieb des Unternehmens in den aufnehmenden Betrieb eine Einstellung.

Erhöhung der vertraglichen Arbeitszeit

Die **Erhöhung der vertraglichen Arbeitszeit** kann eine Einstellung sein, nämlich dann, wenn diese für mehr als einen Monat erfolgt und die Erhöhung einen solchen Umfang hat, dass eine eigene Teilzeitstelle im Betrieb ausgeschrieben werden könnte. In der Regel ist eine Erhöhung der wöchentlichen Arbeitszeit von mindestens 10 Stunden als eine Einstellung anzusehen.[43]

Auszubildende

Auch die Eingliederung der Beschäftigten zu Ausbildungszwecken kann eine Einstellung darstellen, wenn diese im Betrieb so integriert sind, dass sie im Arbeitsprozess jedenfalls teilweise eingegliedert sind. Daher ist der Betriebsrat nicht nur bei der Einstellung von **Auszubildenden** zu beteiligen, sondern auch bei der Einstellung von Praktikanten, Volontären und Studenten im Dualen-Studium. Auch die Übernahmen dieser Auszubildenden oder Dual-Studierenden nach deren Ausbildung als Arbeitnehmer sind Einstellungen.[44]

---

42 BAG 26.5.2021 – 7 ABR 17/20; 14.6.2022 – 1 ABR 13/21.
43 BAG 9.12.2008 – 1 ABR 74/07.
44 BAG 29.9.2020 – 1 ABR 17/19.

4. Die Versetzung

Definition: Versetzung

Anders als der Begriff der Einstellung ist der Begriff der Versetzung gesetzlich definiert.

> **Definition:**
> Diese Definition findet sich in § 95 Abs. 3 BetrVG. Danach sind **zwei Fälle** der Versetzung zu unterscheiden: die erste Form der Versetzung ist darin zu sehen, dass den Beschäftigten ein anderer Arbeitsbereich für die Dauer von **mehr als einem Monat** zugewiesen wird. Diese Form der Versetzung knüpft also an die Dauer des anderweitigen Arbeitseinsatzes an. Die zweite Form der Versetzung knüpft ebenfalls an eine Änderung des Arbeitsbereichs an, die aber unabhängig von der Dauer ist. Eine Versetzung kann also auch vorliegen, wenn die Tätigkeitsänderung kürzer als einen Monat ist. Dann muss aber eine **erhebliche Änderung der Arbeitsumstände** eintreten. Diese Form der Versetzung knüpft an die Veränderung des Arbeitsbereichs an.

Der Begriff des Arbeitsbereichs wird durch die Aufgabe und die Verantwortung der Beschäftigten sowie die Art der Tätigkeit und die Einordnung in den Arbeitsablauf und die Betriebsstruktur beschrieben.

> **Begriffserklärung:**
> Beim **Arbeitsbereich** handelt es sich um den konkreten Arbeitsplatz und seine Beziehung zur betrieblichen Umgebung unter Berücksichtigung der räumlichen, technischen und organisatorischen Bedingungen.[45] Er umfasst neben der Aufgabe und Verantwortung des Beschäftigten die Art seiner Tätigkeit und deren Einordnung im Arbeitsablauf des Betriebs sowie den dem Beschäftigten in der betrieblichen Organisation zugewiesenen Platz.[46]

Ändert sich der Arbeitsbereich für länger als einen Monat, liegt immer eine Versetzung vor. Ändern sich die Umstände, unter denen die Arbeit zu leisten ist, erheblich, dann liegt eine Versetzung auch dann vor, wenn diese Änderungen weniger als einen Monat andauern sollen.

---

45 BAG 27.6.2006 – 1 ABR 35/05.

46 LAG Düsseldorf 31.1.2018 – 4 TaBV 113/16 mit vielfältigen Nachweisen der Rechtsprechung des BAG.

Erhebliche Änderung des Arbeitsbereichs

Beispiel:
Das BAG geht von einer erheblichen Änderung aus, wenn ca. 20 bis 25 % der Tätigkeit eine Veränderung erfahren.[47] Eine erhebliche Änderung liegt z. B. vor, wenn die Beschäftigten in einem anderen Betrieb des Unternehmens an einem anderen Ort tätig sein sollen, oder wenn Tätigkeiten übertragen werden, die weniger qualifiziert sind. Auch der Entzug von Führungsaufgaben kann eine solche erhebliche Änderung darstellen. Im Bereich des Groß- oder Einzelhandels liegt eine erhebliche Änderung vor, wenn die übertragene Tätigkeit eine solche ohne Kundenkontakt ist.[48]

Veränderung der Arbeitszeit

Die bloße **Veränderung der Arbeitszeit** an sich stellt regelmäßig keine Versetzung dar. Ändern sich die Arbeitszeit oder das Arbeitszeitmodell jedoch, weil die Tätigkeit in einer anderen Abteilung ausgeübt werden soll, kann von einer Versetzung ausgegangen werden.

Freistellung

Der vollständige Entzug der Tätigkeiten in Form der **Freistellung** oder Suspendierung soll nach der Rechtsprechung des BAG keine Versetzung sein, weil kein anderer Arbeitsbereich zugewiesen wird, sondern auf Dauer oder vorübergehend gar nicht gearbeitet werden soll.[49]

5. Die Eingruppierung

Eingruppierung

Begriffserklärung:
Unter Eingruppierung ist die erstmalige Festlegung der für die Entlohnung der Beschäftigten maßgeblichen Entgeltgruppe zu verstehen. Es handelt sich um **die erstmalige Zuordnung in ein Entgeltsystem**. Unter einem solchen Entgeltsystem ist hiernach ein Vergütungssystem zu verstehen, das nach abstrakten Kriterien Entgeltgruppen festlegt und gleichfalls nach abstrakten Kriterien die Wertunterschiede zwischen den einzelnen Entgeltgruppen bestimmt.

Vergütungsordnung

Eine Eingruppierung setzt somit immer voraus, dass im Betrieb eine Vergütungsordnung gilt oder erstmals eingeführt wird. Es muss im Betrieb also ein **Tarifvertrag** oder in nichttarifgebundenen Unternehmen oder Betrieben eine Betriebsvereinbarung über eine Entgelt- bzw. Vergütungsgruppenordnung gelten. Von dem Vorliegen einer solchen Entgeltord-

47 BAG 2. 4. 1996 – 1 AZR 743/95.
48 LAG Niedersachsen 29. 4. 2019 – 12 TaBV 51/18.
49 BAG 17. 2. 2015 – 1 ABR 45/13.

nung ist auch dann auszugehen, wenn der Arbeitgeber ohne Beteiligung des Betriebsrats eine solche einseitig anwendet.

! **Dort, wo eine solche Entgeltordnung nicht besteht, steht dem Betriebsrat auch kein Beteiligungsrecht in Bezug auf eine Eingruppierung zu.**

Tarifgebundene und außertarifliche Angestellte

In tarifgebundenen Unternehmen oder Betrieben ist das tarifliche Entgeltgruppensystem anzuwenden. Es kann aber für den Bereich der so genannten außertariflichen Angestellten (AT-Angestellte) daneben eine betriebliche Entgeltordnung geben, wenn entweder der Betriebsrat eine Entgeltordnung für den **AT-Bereich** mit dem Arbeitgeber vereinbart hat oder der Arbeitgeber eine solche Entgeltordnung einseitig anwendet. Existiert eine solche Entgeltordnung, ist der Betriebsrat auch bei der Eingruppierung der AT-Angestellten in deren Entgeltordnung zu beteiligen.

! **Zu beachten ist bei der Eingruppierung, dass es bei diesem Beteiligungsrecht ausschließlich um die Zuordnung zu der jeweiligen Entgeltgruppe geht. Es geht gerade nicht darum, den Betriebsrat hinsichtlich des gesamten Entgelts, welches die Beschäftigten erhalten, zu beteiligen.**

Bestandteile des Entgelts

Das Entgelt der Beschäftigten kann sich aus unterschiedlichen Bestandteilen zusammensetzen. Neben dem Grundentgelt können auch diverse Zulagen bezahlt werden. Die Beteiligung des Betriebsrats bei der Eingruppierung soll lediglich sicherstellen, dass die richtige Zuordnung in das im Betrieb gültige Entgeltgruppensystem und die hierin zum Ausdruck kommende Wertigkeit der Tätigkeit innerhalb des Beschäftigungsgefüges des Betriebs geprüft wird.[50]

> **Hinweis:**
> Damit bezieht sich das Beteiligungsrecht des Betriebsrats gerade nicht auf das Gesamtentgelt einschließlich aller Zulagen, sondern nur auf die jeweilige Entgeltgruppe und das dieser entsprechende Grundgehalt.

Eingruppierung und Einstellung

Eine Eingruppierung erfolgt sehr häufig zusammen mit einer Einstellung. Dabei ist stets zu beachten, dass es sich um **zwei getrennte** personelle Einzelmaßnahmen handelt. Der Betriebsrat ist zu beiden anzuhören und muss über beide getrennt beraten und entscheiden. Er kann dabei auch zu verschiedenen Entscheidungen kommen, also zwei unterschiedliche Beschlüsse fassen. Denkbar ist somit, dass der Betriebsrat der Einstellung

50 BAG 28.4.2009 – 1 ABR 97/07.

zustimmt, der Eingruppierung aber nicht und die Zustimmung hierzu verweigert.

6. Die Umgruppierung

Umgruppierung

Begriffserklärung:
Bei der Umgruppierung handelt es sich um die Änderung der Zuordnung in eine andere Entgeltgruppe der im Betrieb oder im Unternehmen bestehenden Entgelt- oder Vergütungsgruppenordnung. Dabei geht es wiederum – wie bei der Eingruppierung auch – nicht um jede Veränderung des Entgelts, sondern vielmehr darum, dass die Beschäftigten bzw. deren Tätigkeit nunmehr anders bewertet und deshalb innerhalb des Entgeltgruppensystems geändert zuordnet wird. Der Inhalt der Tätigkeit wird als höher oder geringer angesehen, weshalb eine Höher- oder Abgruppierung erfolgt.

Das bedeutet, dass nicht jede Veränderung des Gesamtentgelts der Beteiligung des Betriebsrats unterworfen ist.

Beispiel:
Gewährt der Arbeitgeber zum Beispiel eine persönliche Zulage, so ist dies grundsätzlich keine Umgruppierung. Eine Umgruppierung käme in diesem Fall nur dann in Betracht, wenn gleichzeitig eine Zuordnung in eine andere Entgeltgruppe gewährt wird.

Versetzung und Umgruppierung

Häufig geht eine Umgruppierung mit einer Versetzung einher. Aber auch hier liegen **zwei verschiedene** personelle Maßnahmen vor, bei denen der Arbeitgeber den Betriebsrat jeweils beteiligen und über die der Betriebsrat jeweils gesondert beraten und entscheiden muss. Er kann auch in diesen Fällen zu unterschiedlichen Entscheidungen kommen und damit zwei verschiedene Beschlüsse fassen; also etwa der Versetzung die Zustimmung erteilen, der Umgruppierung diese aber verweigern.

7. Unterrichtung des Betriebsrats und Einholung der Zustimmung

Informationserteilung durch den Arbeitgeber

Zu jeder der oben genannten personellen Einzelmaßnahmen muss der Betriebsrat seine Zustimmung erteilen. Damit er über die Erteilung der Zustimmung entscheiden kann, benötigt er alle Informationen über den konkreten Einzelfall. Das BetrVG verpflichtet den Arbeitgeber, dem Betriebsrat alle für die Entscheidung notwendigen und erforderlichen Informationen zu erteilen (§ 99 Abs. 1 Satz 1 BetrVG). Das Gesetz sieht dabei für den Arbeitgeber keine bestimmte **Form der Informationserteilung** vor, so dass diese auch mündlich erteilt werden kann.

Hinweis:
Hier gilt der allgemeine Grundsatz, dass der Arbeitgeber alle Unterlagen, die ihm vorliegen, auch dem Betriebsrat geben muss.

Inhalt der Informationen

Welchen Inhalt die Informationen haben müssen, die der Arbeitgeber weitergibt, regelt das Gesetz. Demnach müssen die Unterlagen so umfassend sein, dass der Betriebsrat prüfen kann, ob ihm ein Zustimmungsverweigerungsgrund zusteht.[51] Der Arbeitgeber muss dem Betriebsrat genau aufzeigen, welche **konkrete** Maßnahme (z. B. Einstellung einer neuen Person oder Einstellung in Form der Verlängerung einer Befristung) zu welchem Zeitpunkt vorgenommen werden soll und welcher Arbeitsplatz genau betroffen ist.

Beispiele:
Bei einer Befristung muss die Befristungsdauer angegeben werden. Erfolgt die Einstellung einer Teilzeitkraft sind auch der Umfang der Arbeitszeit und deren Lage mitzuteilen.

Wichtig sind konkrete Angaben

Die Information muss damit nicht nur den Ort, an dem die Arbeit zu leisten ist, angeben, sondern auch die Funktion, die der Beschäftigte übertragen bekommen, und den Arbeitsbereich, in dem dieser eingesetzt werden soll.[52]

Ferner muss die Auskunft Angaben über die **konkrete Person**, die die Maßnahme betrifft, enthalten. Hierbei sind nicht nur der Name, sondern

51 BAG 30. 9. 2014 – 1 ABR 32/13.
52 BAG 12. 6. 2019 – 1 ABR 39/17.

auch alle Umstände über die fachliche und persönliche Eignung für den vorgesehenen Arbeitsplatz, zu nennen.[53]

Hinweis:
Dies gilt auch bei der Einstellung von **Leiharbeitnehmern.** Auch in Bezug auf diese Beschäftigtengruppe muss der Arbeitgeber dem Betriebsrat im Einsatzbetrieb vor deren Einsatz oder bei Verlängerung des Einsatzes den Namen der Person und die Umstände über die fachliche und persönliche Eignung darlegen.[54] Der Arbeitgeber muss dem Betriebsrat außerdem die dem Verleiher (also dem Arbeitgeber des Leiharbeitnehmers) erteilte Genehmigung zur Arbeitnehmerüberlassung sowie die Dauer des Einsatzes mitteilen.

Zu den zu erteilenden Informationen gehört auch die Mitteilung über die **Auswirkungen der personellen Maßnahme**, also etwa, dass eine Ersatzeinstellung vorgenommen werden soll, oder dass eine zusätzliche Einstellung erfolgt, um den gestiegenen Arbeitsaufwand bewältigen zu können, oder dass die befristete Versetzung erforderlich ist, um in der aufnehmenden Abteilung eine vorübergehende Arbeitsspitze abzufangen.

Informationen bei einer Einstellung

Will der Arbeitgeber eine Einstellung vornehmen, muss er dem Betriebsrat alle bei ihm eingegangenen **Bewerbungsunterlagen** vorlegen. Diese Verpflichtung bezieht sich dabei nicht nur auf die Bewerber, die berücksichtigt wurden oder in die engere Auswahl gekommen sind, sondern auf alle eingegangenen Bewerbungen. Finden Vorstellungsgespräche statt, so gehören die Aufzeichnungen, die der Arbeitgeber hierbei gemacht hat, auch zu den dem Betriebsrat vorzulegenden Informationen, sofern diese Aufzeichnungen für die Entscheidung über die Auswahl der Person relevante Informationen enthalten.[55]

Beispiele:
Das können Notizen über die Gesprächsführung oder über ein sicheres oder unsicheres Auftreten der Bewerber sein.

In diesem Zusammenhang stellt sich die Frage, in welcher Form die dem Arbeitgeber vorliegenden Unterlagen dem Betriebsrat zur Verfügung gestellt werden müssen. Liegen sämtlich Unterlagen vollständig in elektronischer Form vor, so kann der Arbeitgeber diese dem Betriebsrat aus-

53 BAG 21.10.2014 – 1 ABR 10/13.
54 BAG 1.6.2011 – 7 ABR 117/09.
55 BAG 14.4.2015 – 1 ABR 58/13.

schließlich elektronisch vorlegen. Einen Anspruch auf papierhafte Zurverfügungstellung besteht dann nicht.[56] Dabei ist aber immer die vollständige Übermittlung sämtlicher Unterlagen zu gewährleisten.
Haben Teilzeitbeschäftigte dem Arbeitgeber angezeigt, dass sie ihre **Arbeitszeit aufstocken** wollen und ein entsprechendes Verlangen nach § 9 TzBfG adressiert, hat der Arbeitgeber den Betriebsrat bei der Besetzung einer neuen oder freigewordenen Stelle im Wege einer Einstellung oder einer Versetzung hierüber zu unterrichten.[57]

Aufforderung zur Zustimmung

Um das Beteiligungsverfahren einzuleiten, genügt es nicht, wenn der Arbeitgeber dem Betriebsrat die erforderlichen Informationen über die jeweils geplante Maßnahme erteilt. Darüber hinaus muss der Arbeitgeber den Betriebsrat um Zustimmung zu der Maßnahme bitten. Dabei muss der Arbeitgeber zwar nicht auf die Handlungsmöglichkeiten des Betriebsrats hinweisen. Er muss den Betriebsrat jedoch ausdrücklich zu der **Zustimmung** zu der geplanten Maßnahme **auffordern**.

8. Handlungsmöglichkeit des Betriebsrats

Anhörung und Entscheidung des Betriebsrats

Mit Übergabe der vollständigen Informationen und der Aufforderung zur Zustimmung beginnt das Beteiligungsverfahren. Dieses muss vor der Umsetzung der Maßnahme durchgeführt werden. Der Betriebsrat ist also vor einer Einstellung, Versetzung, Eingruppierung oder Umgruppierung anzuhören. Er hat dann eine Woche Zeit, die geplante Maßnahme zu prüfen und eine Entscheidung zu treffen. Dabei hat er zwei Handlungsmöglichkeiten:

Ablaufschema bei Einstellung und Versetzung auf Seite 115

- entweder er stimmt der vom Arbeitgeber beantragten Maßnahme zu
- oder er verweigert seine Zustimmung.

Schweigt der Betriebsrat, nimmt er also keine Stellung innerhalb der Wochenfrist, gilt seine Zustimmung als erteilt (§ 99 Abs. 3 Satz 2 BetrVG). Die Entscheidung des Betriebsrats soll die jeweiligen Umstände des Einzelfalls sowie die betriebliche Situation berücksichtigen.

! **Wichtig ist, immer genau zu prüfen, an wie vielen Maßnahmen der Betriebsrat tatsächlich beteiligt wird. Eine Einstellung geht häufig mit einer Eingruppierung einher und eine Versetzung mit einer Umgruppierung. Dann ist der Betriebsrat zu zwei Maßnahmen angehört worden und muss auch**

56 BAG 13.12.2023 – 1 ABR 28/22.
57 BAG 1.6.2011 – 7 ABR 117/09.

zwei Entscheidungen treffen, also zwei Beschlüsse fassen. Diese können voneinander abweichen.

Beispiele:
Der Betriebsrat kann der Einstellung die Zustimmung erteilen, der vorgesehenen Eingruppierung aber nicht. Dann muss er zu der Eingruppierung und nur zu dieser seine Zustimmung verweigern.

9. Die Zustimmungsverweigerung des Betriebsrats

a. Form und Frist

Schriftform

Ist der Betriebsrat mit der vom Arbeitgeber beantragten Maßnahme nicht einverstanden, so hat er das Recht die Zustimmung zu verweigern. Die Zustimmungsverweigerung muss **schriftlich** erfolgen (§ 99 Abs. 3 Satz 1 BetrVG).

Wie bei der Kündigung muss auch hier der Betriebsrat eine Form wahren. Da in Bezug auf die Schriftform die gleichen Regelungen wie bei der Kündigung gelten, wird auf die dort gemachten Ausführungen hingewiesen (siehe Seite 54). Außerdem muss der Betriebsrat eine Frist einhalten. Diese beträgt eine Woche.

Näheres zur Fristberechnung auf Seite 51 f.

Die Frist entspricht also derjenigen, die der Betriebsrat bei einer Anhörung zu einer ordentlichen Kündigung hat. Diese **Wochenfrist** beginnt aber nur, wenn der Betriebsrat vollständig unterrichtet ist.

Wurde der Betriebsrat nicht oder nicht ausreichend unterrichtet, beginnt die Wochenfrist nicht zu laufen. !

Rechtsprechung:
Geht der Betriebsrat davon aus, dass ihm nicht alle Informationen vorliegen, hat er nach der Rechtsprechung des BAG den Arbeitgeber innerhalb der Wochenfrist hierauf hinzuweisen und ihm mitzuteilen, welche weiteren Informationen er benötigt, um seine Entscheidung treffen zu können.[58]

Merkliste zu den Zustimmungsverweigerungsrechten auf Seite 116

58 BAG 28. 6. 2005 – 1 ABR 26/04.

Hinweis:
Diese Rechtsprechung ist nicht unproblematisch. Hält das Arbeitsgericht die Informationsanforderung des Betriebsrats für übertrieben und hat der Betriebsrat nicht innerhalb der Wochenfrist seine Zustimmung verweigert, gilt die Zustimmung als erteilt. Dann kann der Arbeitgeber die Maßnahme ohne weitere rechtliche Prüfung umsetzen.

! **Fehlen dem Betriebsrat für seine Entscheidung noch Informationen, sollte er innerhalb der Wochenfrist die weiteren Informationen anfordern und vorsorglich die Zustimmung verweigern. Auf diese Weise kann er sicherstellen, dass das Arbeitsgericht die Maßnahme überprüfen muss.**

b. Die Zustimmungsverweigerungsgründe

Gründe des § 99 Abs. 2 BetrVG

Will der Betriebsrat Einwände gegen die vom Arbeitgeber geplante Maßnahme erheben und seine Zustimmung verweigern, muss ein im Gesetz genannter Grund vorliegen. Die Gründe für eine Zustimmungsverweigerung sind in § 99 Abs. 2 BetrVG abschließend, d. h. vollständig, niedergeschrieben. Liegen keine Tatsachen vor, die einem im Gesetz genannten Zustimmungsverweigerungsgrund zugeordnet werden können, hat der Betriebsrat keine die Möglichkeit, seine Zustimmung zu verweigern.

Hinweis:
Wie bei der Anhörung zur Kündigung gilt auch hier, dass es für eine wirksame Zustimmungsverweigerung nicht genügt, das Gesetz abzuschreiben. Vielmehr muss der Betriebsrat in seinem Schreiben aufzeigen, welche Tatsachen ihn dazu bewegen, die Zustimmung zu verweigern und welcher gesetzliche Fall der Zustimmungsverweigerung gegeben ist.

Die einzelnen Gründe

Das BetrVG sieht insgesamt **sechs Fallgestaltungen** vor, die den Betriebsrat berechtigen, seine Zustimmung zu verweigern. Es kann Fälle geben, in denen nur einer der Gründe gegeben ist; in anderen Fällen können mehrere Gründe vorliegen.

! **Wichtig zu wissen ist, dass im Falle eines Zustimmungsersetzungsverfahrens vor dem Arbeitsgericht nur diejenigen Gründe geprüft werden, die der Betriebsrat in seiner Zustimmungsverweigerung aufgeschrieben hat.[59] Der Betriebsrat muss daher alle Gründe aufführen und darf nicht den Fehler machen, den Arbeitgeber mit einem weiteren Grund erst im Gerichtsverfahren überraschen zu wollen.**

59 BAG 23.1.2019 – 4 ABR 56/17.

aa. Verstoß gegen ein Gesetz, Tarifvertrag oder Betriebsvereinbarung

§ 99 Abs. 2 Nr. 1 BetrVG

Die erste Möglichkeit, die Zustimmung zu verweigern, ist gegeben, wenn die geplante Maßnahme gegen

- ein Gesetz,
- eine Verordnung,
- eine Unfallverhütungsvorschrift,
- eine Vorschrift aus einem Tarifvertrag oder einer Betriebsvereinbarung

verstößt (§ 99 Abs. 2 Nr. 1 BetrVG).

Beispiel:
Bei einer **Ein- oder Umgruppierung** ist dies relativ leicht zu begründen: Verstößt die vom Arbeitgeber vorgesehene Ein- oder Umgruppierung gegen die im Betrieb geltenden Regelungen eines Tarifvertrags oder einer betrieblichen Entgeltordnung, reicht allein dies schon aus. Der Betriebsrat muss in seiner Zustimmungsverweigerung dann nur auf die fehlerhafte Anwendung des Tarifvertrags oder der Betriebsvereinbarung hinweisen. Es genügt, dass er ausführt, dass die beabsichtigte Ein- oder Umgruppierung zu niedrig oder zu hoch ist.

Hohe Anforderungen an den Verstoß

Bei einer **Einstellung** oder **Versetzung** ist das Aufzeigen eines Verstoßes gegen ein Gesetz oder einen Tarifvertrag schwieriger.
Denn nach der Rechtsprechung des BAG ist es erforderlich, dass der Verstoß gegen das Gesetz die Tätigkeit der Person auf dem Arbeitsplatz verbietet und unzulässig macht. Es genügt nicht, dass der Arbeitsvertrag bzw. einzelne Regelungen aus dem Arbeitsvertrag ungültig sind. Der Verstoß muss dazu führen, dass die Beschäftigung untersagt ist.[60]

Beispiele:
Der Betriebsrat kann seine Zustimmung auf dieser Gesetzesgrundlage nicht verweigern, wenn die geplante Befristungsregelung unwirksam ist. Denn dann wäre der Arbeitsvertrag als Ganzes nicht unwirksam, sondern nur die Befristung und es bestünde ein unbefristetes Arbeitsverhältnis.[61] Auch ein Verstoß gegen die Regelungen des Mindestlohngesetzes oder ein Verstoß gegen den Gleichstellungsgrundsatz eines Leiharbeitnehmers (bisher Equal-Pay-Grundsatz) rechtfertigt keine Zustimmungsverweigerung, da nur einzelne Regelungen des Arbeitsvertrags unwirksam sind, aber nicht die Beschäftigung insgesamt.[62]

---

60 BAG 30.9.2014 – 1 ABR 79/12.
61 BAG 27.10.2010 – 7 ABR 86/09.
62 BAG 21.7.2009 – 1 ABR 35/08.

Fehlende Genehmigung für Arbeitnehmerüberlassung

Dagegen liegt ein Zustimmungsverweigerungsgrund vor, wenn der Verleiher keine Arbeitnehmerüberlassungsgenehmigung hat.[63] Es ist davon auszugehen, dass ein solcher Grund vorliegt, wenn die Höchstüberlassungsdauer von 18 Monaten nach § 1 Abs. 1b AÜG für Leiharbeitnehmer überschritten ist. Begrenzt ein Tarifvertrag oder eine Betriebsvereinbarung die Anzahl der zu beschäftigenden Leiharbeitskräfte, ist bei Überschreiten der Höchstquote ebenfalls ein Zustimmungsverweigerungsrecht geben.

Ein Zustimmungsverweigerungsgrund ist auch möglich bei

- der Einstellung von Kindern.
- der Einstellung von ausländischen Arbeitskräften, die nicht über eine erforderliche Arbeitserlaubnis verfügen.
- wenn der Arbeitgeber Schutzgesetze, die besondere Beschäftigtengruppen schützen sollen, missachtet. Der Betriebsrat kann seine Zustimmung bei einer Einstellung verweigern, wenn der Arbeitgeber die zu Gunsten von Schwerbehinderten geltende Prüfpflicht gemäß § 164 Abs. 1 Satz 2 SGB IX verletzt und nicht vor der Einstellung die Agentur für Arbeit einschaltet.[64]
- Wenn der Arbeitgeber mit der Stellenbesetzung einer Teilzeitkraft die von ihr nach § 9 TzBfG angezeigte Arbeitszeiterhöhung verwehrt.[65]
- wenn die Neueinstellung einer anderen Person den Anspruch eines bisher Beschäftigten aus einer Betriebsvereinbarung oder einem Sozialplan in Form eines Weiterbeschäftigungs- oder Wiedereinstellungsanspruchs unmöglich macht.[66]

Ein Zustimmungsverweigerungsgrund liegt aber auch dann nicht vor, wenn im Bewerbungsverfahren gegen Mitbestimmungsrechte des Betriebsrats verstoßen wird, beispielsweise, wenn im Rahmen des Bewerbungsverfahrens bei der Auswahl der Bewerber der Arbeitgeber einen Beurteilungsbogen verwendet, dem der Betriebsrat nicht zugestimmt hat und dadurch ein Verstoß gegen das Mitbestimmungsrecht gem. § 94 Abs. 2 BetrVG vorliegt. Da die Verletzung des Mitbestimmungsrechts die Beschäftigung der betroffenen Person nicht verbietet, ist dessen Verletzung für eine Zustimmungsverweigerung im Rahmen des § 99 Abs. 2 Nr. 1 BetrVG irrelevant.[67]

---

63 BAG 10.7.2013 – 7 ABR 91/11.

64 BAG 13.10.2011 – 8 AZR 608/10.

65 BAG 1.6.2011 – 7 ABR 117/09.

66 BAG 18.12.1990 – 1 ABR 15/90.

67 LAG Düsseldorf 2.8.2023 – 12 TaBV 46/22; das bedeutet, dass der Betriebsrat die Verletzung des Mitbestimmungsrechts auf einem anderen Weg geltend machen muss.

bb. Verstoß gegen Auswahlrichtlinien

Verstößt der Arbeitgeber gegen eine im Betrieb geltende Auswahlrichtlinie, ist der Betriebsrat berechtigt, seine Zustimmung zu verweigern (§ 99 Abs. 2 Nr. 2 BetrVG). Das setzt das Vorliegen einer Auswahlrichtlinie nach § 95 BetrVG voraus.

§ 99 Abs. 2 Nr. 2 BetrVG

Solche Auswahlrichtlinien werden als Betriebsvereinbarung oder Regelungsabrede zwischen Betriebsrat und Arbeitgeber abgeschlossen. Sie legen Regelungen über den Umgang bei Einstellungen oder Versetzungen fest, wenn mehrere Bewerbungen für eine Stelle vorliegen. Gibt es solche Vereinbarungen, müssen sie vom Arbeitgeber beachtet werden.

Auswahlrichtlinie nach § 95 BetrVG

> **Beispiele:**
> Haben Betriebsrat und Arbeitgeber verabredet, dass bei der Stellenbesetzung vorrangig eigene Arbeitnehmer zu berücksichtigen sind, steht dem Betriebsrat ein Verweigerungsgrund zu, wenn der Arbeitgeber bei der Einstellung einem gleichqualifizierten eigenen Beschäftigten die Möglichkeit nimmt, die Stelle einzunehmen oder zu erhalten.

Zu beachten ist, dass dieser Zustimmungsverweigerungsgrund nur besteht, wenn es mitbestimmte, also mit dem Betriebsrat vereinbarte, betriebliche Auswahlrichtlinien gibt. Existieren keine, entfällt auch die Möglichkeit, auf dieser Grundlage die Zustimmung zu verweigern.

cc. Besorgnis der Benachteiligung anderer Arbeitnehmer

Einer der am meisten in Anspruch genommenen Zustimmungsverweigerungsgründe sind Nachteile, die anderen Beschäftigten im Betrieb durch die personelle Maßnahme entstehen können, ohne dass diese durch betriebliche oder persönliche Gründe gerechtfertigt sind (§ 99 Abs. 2 Nr. 3 BetrVG).

§ 99 Abs. 2 Nr. 3 BetrVG

Das Gesetz nennt als Nachteil insbesondere die Beendigung des Arbeitsverhältnisses.

Nachteile für andere Beschäftigte

> **Beispiel:**
> Das ist der Fall, wenn ein Arbeitgeber Neueinstellungen vornimmt, während er gleichzeitig Personal abbaut und die betroffenen Beschäftigten den Arbeitsplatz einnehmen könnten.

Einen weiteren Nachteil nennt das Gesetz ebenfalls ausdrücklich: das **Auslaufen der Befristung** eines Beschäftigten. Dies ist jedoch nur dann gegeben, wenn es sich bei der personellen Maßnahme um die Einstellung

eines unbefristet Beschäftigten handelt. Da es in der betrieblichen Praxis meist lediglich zu befristeten Neueinstellungen kommt, läuft dieser Grund allerdings häufig ins Leere.
Aber auch alle anderen Nachteile kommen in Betracht, z. B. wenn durch eine Versetzung das Personal in einem Bereich weiter ausgedünnt wird und mit erheblicher Mehrarbeit zu rechnen ist. Auch der ständige kurzfristige Personaleinsatz kann zu Nachteilen für andere Beschäftigte führen, denn diese müssen die neuen Kräfte immer neu einarbeiten. Das kann dazu führen, dass keine oder weniger Zeit für die eigene Tätigkeit bleibt.

> **Hinweis:**
> Wichtig ist bei diesem Zustimmungsverweigerungsgrund, dass der Betriebsrat sich die jeweilige betriebliche Situation genau vor Augen führt und gegebenenfalls auch mit den Beschäftigten spricht, um die Auswirkungen der Maßnahme für die Betroffenen zu analysieren.

Nach der kritikwürdigen Rechtsprechung des BAG soll es jedoch **keinen Nachteil** darstellen, wenn durch die Einstellung oder Versetzung einzelnen anderen Beschäftigten die Möglichkeit einer Beförderung genommen wird. Das BAG begründet dies damit, dass es keinen allgemeinen Anspruch auf eine Beförderung gibt.[68]

dd. Nachteil für den betroffenen Beschäftigten

§ 99 Abs. 2 Nr. 4 BetrVG

Ein Zustimmungsverweigerungsgrund ist zusätzlich gegeben, wenn durch die personelle Maßnahme dem betroffenen Beschäftigten ein Nachteil entsteht, ohne dass dies durch betriebliche oder persönliche Gründe gerechtfertigt ist (§ 99 Abs. 2 Nr. 4 BetrVG).

Gesamtsituation der Beschäftigten im Betrieb

Dies kann vorliegen, wenn eine Versetzung auf einen geringwertigeren Arbeitsplatz erfolgen soll oder dem Beschäftigten Führungsaufgaben entzogen werden. Wichtig ist dabei, dass auch dann das Recht zur Zustimmungsverweigerung gegeben ist, wenn der Arbeitsvertrag des Betroffenen eine Versetzung ermöglicht.[69] Denn der Betriebsrat soll nicht den Arbeitsvertrag prüfen, sondern die Gesamtsituation der Beschäftigten im Betrieb.

---

68 BAG 18.9.2002 – 1 ABR 56/01.
69 BAG 29.9.2020 – 1 ABR 21/19; 9.10.2013 – 7 ABR 1/12.

Rechtsprechung:
Nach einer sehr kritisch zu bewertenden Rechtsprechung des BAG soll dieser Zustimmungsverweigerungsgrund (und nur dieser!) ausgeschlossen sein, wenn der Beschäftigte sich aus freien Stücken mit der Maßnahme einverstanden erklärt hat und die Versetzung seinen Wünschen entspricht.[70] Das Arbeitsverhältnis ist ein Abhängigkeitsverhältnis. Berücksichtigt man ferner, mit welchem Druck Personalgespräche häufig geführt werden, besteht die Gefahr, dass ein Einverständnis als ein freier Wille gewertet wird, obwohl dies nicht gegeben ist und der Betroffene sich nur nicht zur Wehr zu setzen wusste.

Betriebsräte sollten sich bei einem vom Arbeitgeber vorgetragen freien Willen also unbedingt bei den Betroffenen erkundigen, wie es dazu gekommen ist. !

ee. Fehlende Stellenausschreibung

§ 99 Abs. 2 Nr. 5 BetrVG

Hat der Arbeitgeber vor der Stellenbesetzung die Stelle nicht ausgeschrieben, steht dem Betriebsrat die Möglichkeit zu, die Zustimmung zu verweigern (§ 99 Abs. 2 Nr. 5 BetrVG).

Betriebsinterne Stellenausschreibung verlangen

Das setzt voraus, dass der Betriebsrat vorher vom Arbeitgeber verlangt hat, dass Arbeitsplätze vor deren Besetzung betriebsintern ausgeschrieben werden müssen (§ 93 BetrVG). Hat der Betriebsrat dies nicht verlangt, kann er sich bei fehlender Ausschreibung hierauf nicht berufen.

Hinweis:
Da mit der Stellenausschreibung wichtige Funktionen verbunden sind, sollte der Betriebsrat die betriebsinterne Ausschreibung verlangen. Die Stellenausschreibung soll den innerbetrieblichen Arbeitsmarkt aktivieren, um dadurch den Beschäftigten die Möglichkeit einzuräumen, sich auf offene Stellen zu bewerben. Daneben soll durch die Stellenausschreibung die innerbetriebliche Transparenz der Besetzung offener Stellen gewährleistet werden.[71] Hat der Betriebsrat die Stellenausschreibung gefordert, werden üblicherweise Grundsätze über die Form und Frist derselben zwischen den Betriebsparteien vereinbart. Verstößt der Arbeitgeber dagegen, besteht ein Zustimmungsverweigerungsrecht.[72] Dieses besteht auch, wenn die Stellenausschreibung vollständig unterblieben ist, und zwar selbst dann, wenn der Arbeitgeber einseitig davon ausgeht, dass sich kein interner Bewerber findet oder wenn er davon ausgeht, dass die Stelle auf jeden Fall mit einem

---

70 BAG 9.10.2013 – 7 ABR 1/12.
71 BAG 15.10.2013 – 1 ABR 25/12.
72 ArbG Köln 13.1.2023 – 23 BV 67/22.

Externen zu besetzen ist.[73] Dies gilt auch für Stellen, von denen bekannt ist, dass sie mit Nachwuchskräften besetzt werden sollen.[74] Das bedeutet, dass der Arbeitgeber die Stellen immer ausschreiben muss, wenn der Betriebsrat dies zuvor verlangt hat.

ff. Gefährdung für den Betriebsfrieden

§ 99 Abs. 2 Nr. 6 BetrVG

Der Betriebsrat kann die Zustimmung verweigern, wenn durch die personelle Maßnahme die durch Tatsachen begründete Besorgnis besteht, dass

- der betroffene Beschäftigte
- den Betriebsfrieden
- durch gesetzwidriges oder diskriminierendes Verhalten

stören wird (§ 99 Abs. 2 Nr. 6 BetrVG).

Betriebsfrieden stören

Dabei wird ein rassistisches und fremdenfeindliches Verhalten besonders erwähnt. Neben einem solchem Verhalten kommen auch andere diskriminierende Verhaltensweisen in Betracht, wie:

- Verleumdung und Beleidigungen,
- sexuelle Belästigungen,
- körperliche Auseinandersetzungen,
- Diebstahl unter Kollegen.

Da die Gefahr auf Tatsachen begründet sein muss, genügt hierfür nicht das Vorliegen von Gerüchten. Es müssen vielmehr bekannte Tatsachen und konkrete Informationen vorliegen.

c. Wiederholte Anhörung durch den Arbeitgeber

Wichtig zu wissen ist, dass der Arbeitgeber berechtigt ist, die Anhörung zu einer personellen Maßnahme zu wiederholen. Dies kann er so oft tun, wie er es für notwendig hält.[75] Der Betriebsrat ist dann verpflichtet, über jeden – auch wiederholten – Antrag auf Zustimmung zu entscheiden (also einen Beschluss herbeizuführen) und frist- und formgerecht erneut die Zustimmung zu verweigern. Übersieht er eine Anhörung und lässt die Wochenfrist (siehe hierzu Ziffer 9. a. auf Seite 71 und Seite 51 f.) verstreichen, gilt seine Zustimmung als erteilt.

---

73 LAG Düsseldorf 12.4.2019 – 10 TABV 46/18.

74 BAG 29.9.2020 – 1 ABR 17/19.

75 LAG Köln 23.3.2018 – 9 TaBV 62/17 mit Hinweisen auf die Rechtsprechung des BAG.

10. Das Zustimmungsersetzungsverfahren

Reaktion des Arbeitgebers

Hat der Betriebsrat seine Zustimmung zu der beantragten Maßnahme form- und fristgerecht verweigert, darf der Arbeitgeber diese nicht einfach umsetzen. Will er an der Maßnahme festhalten, muss er sich an das zuständige Arbeitsgericht wenden und die verweigerte Zustimmung ersetzen lassen (§ 99 Abs. 4 BetrVG). Dieses Verfahren wird **Zustimmungsersetzungsverfahren** genannt. Es ist somit nicht schlimm, sich beim Arbeitsgericht zu treffen. Der Gesetzgeber hat das als ein Instrument der Beilegung von Meinungsunterschieden vorgesehen. Das Arbeitsgericht prüft in dem Verfahren, ob die Gründe, die der Betriebsrat vorgetragen hat, begründet sind und den gesetzlichen Anforderungen genügen. Die Entscheidung des Betriebsrats wird also gerichtlich überprüft. In diesem Verfahren werden allerdings nur diejenigen Gründe geprüft, die der Betriebsrat in seinem Schreiben auch tatsächlich erwähnt hat.[76]

Es ist daher wichtig, dass der Betriebsrat alle Gründe und Tatsachen in die Zustimmungsverweigerung reinschreibt. Denn die fehlenden bzw. nicht genannten Gründe können nicht nachgeschoben werden, sie werden nicht vom Gericht überprüft. !

Auch die Frist muss eingehalten werden, denn die Fristversäumnis führt zu einer Zustimmung. Geprüft wird nur die Zustimmungsverweigerung zu der jeweiligen Maßnahme. Hat der Betriebsrat der Einstellung die Zustimmung erteilt, der Eingruppierung die Zustimmung hingegen verweigert, werden nur die Gründe zur verweigerten Eingruppierung geprüft.

Hinweis:
Das Gesetz geht davon aus, dass sich Betriebsräte mit den Regeln, die vor dem Arbeitsgericht gelten, meist nicht auskennen. Daher können sie sich entsprechend Hilfe bei der Gewerkschaft oder einem Rechtsanwalt holen, um das Gerichtsverfahren in ihrem Sinne führen zu können.

11. Die vorläufige Durchführung der Maßnahme

§ 100 BetrVG

Ein Verfahren vor dem Arbeitsgericht kann einige Zeit dauern und sich über mehrere Monate ziehen. Für diesen Fall stellt sich die Frage, ob der

76 BAG 23.1.2019 – 4 ABR 56/17.

Arbeitgeber im Falle der Zustimmungsverweigerung durch den Betriebsrat die von ihm begehrte Maßnahme umsetzen darf, oder ob er warten muss, bis das arbeitsgerichtliche Verfahren abgeschlossen ist. Das hängt von der Entscheidung des Arbeitgebers ab. Denn das Gesetz hat dem Arbeitgeber leider eine Möglichkeit eingeräumt, die von ihm beantragte Maßnahme vorläufig für die Dauer des Verfahrens vor dem Arbeitsgericht durchzuführen (§ 100 BetrVG). Hierzu muss er den Betriebsrat aber gesondert, d. h. zusätzlich mit einem weiteren Antrag beteiligen.

a. Form und Dringlichkeit

Vorläufige Durchführung dringend erforderlich

Dieses Anliegen bzw. dieser Antrag erfordert das Vorliegen sachlicher Gründe, die die vorläufige Durchführung dringend erforderlich machen. Hierzu muss der Arbeitgeber dem Betriebsrat die Tatsachen und Gründe mitteilen, aus denen sich die Dringlichkeit ergeben soll. Der Arbeitgeber hat hierfür **keine Form** einzuhalten. Er kann den Betriebsrat daher auch mündlich unterrichten. Liegen Unterlagen vor, muss er diese allerdings zur Verfügung stellen. Der Arbeitgeber muss dem Betriebsrat die Gründe nennen, aus denen er es als erforderlich ansieht, mit der Umsetzung der Maßnahme nicht bis zum Abschluss des Zustimmungsersetzungsverfahrens warten zu können. Diese Dringlichkeit kann er entweder nach erfolgter Zustimmungsverweigerung anzeigen, oder dies schon vor Ablauf der Stellungnahmefrist des Betriebsrats tun und die Anzeige der Dringlichkeit zeitgleich mit der Einleitung der Anhörung nach § 99 BetrVG verbinden. Der Betriebsrat muss dann **unverzüglich reagieren**.

Begriffserklärung:
Unverzüglich heißt ohne schuldhaftes Verzögern.

Der Betriebsrat muss also so schnell wie es ihm möglich ist, auf die Anzeige der vorläufigen Durchführung der Maßnahme reagieren. In der Regel ist dann eine außerordentliche Sitzung erforderlich. Länger als drei Tage sollte der Betriebsrat sich hierfür nicht Zeit lassen. Er muss die Dringlichkeit bestreiten und Ausführungen dazu machen, warum er es nicht für erforderlich hält, die Maßnahme vorläufig umzusetzen. Dabei ist er nicht an das Vorliegen von Gründen gebunden. Er kann die Dringlichkeit auch nur bestreiten.
Die Frist in Bezug auf die vorläufige Durchführung ist damit kürzer als die zur Zustimmungsverweigerung. Wichtig zu wissen ist, dass die kür-

zere Frist in Bezug auf die vorläufige Durchführung die Wochenfrist zur Zustimmungsverweigerung nicht verkürzt.

b. Bestreiten der Dringlichkeit

Vorläufige Durchführung der Maßnahme

Hat der Betriebsrat die Dringlichkeit bestritten, darf der Arbeitgeber die Maßnahme nur dann vorläufig durchführen, wenn

- er innerhalb von drei Tagen das Zustimmungsersetzungsverfahren beim Arbeitsgericht einleitet und
- dort zusätzlich die Feststellung beantragt, dass die Umsetzung der Maßnahme aus sachlichen Gründen dringend geboten ist.

Das bedeutet, dass der Arbeitgeber also trotz Zustimmungsverweigerung die Maßnahme bis zum Abschluss des Rechtsstreits umsetzen darf. Damit hat der Gesetzgeber das Instrument des Betriebsrats bei personellen Einzelmaßnahmen deutlich geschwächt. Dennoch sollten Betriebsräte nicht von einer Zustimmungsverweigerung absehen, wenn Gründe hierfür gegeben sind.

Ausnahme

> **Hinweis:**
> Die vorläufige Durchführung gibt es bei **Ein- und Umgruppierung** nicht. Will der Arbeitgeber an der beantragten Ein- oder Umgruppierung festhalten, muss er das Zustimmungsersetzungsverfahren durchführen. Für die Dauer des Verfahrens verbleibt es zunächst bei der vorgesehenen Ein- oder Umgruppierung. Diese wird gegebenenfalls rückwirkend korrigiert.

Um dieses etwas komplizierte Zusammenspiel dieser beiden Instrumente aufzuzeigen, ist im Anhang (siehe Anhang 3, Seite 115) ein Ablaufschema zu den personellen Einzelmaßnahmen der Einstellung und Versetzung aufgeführt.

Ablaufschema bei Einstellung und Versetzung auf Seite 115

12. Abhilfemaßnahmen bei Verletzung des Beteiligungsrechts

a. Antrag auf Aufhebung der Maßnahme

Oft setzt der Arbeitgeber eine personelle Einzelmaßnahme um, ohne den Betriebsrat anzuhören oder er leitet das Zustimmungsersetzungsverfahren vor dem Arbeitsgericht nicht ein, obwohl der Betriebsrat form- und fristgemäß reagiert hat. In diesen Fällen steht dem Betriebsrat das Recht zu, den Arbeitgeber zu verklagen. Er kann vor dem Arbeitsgericht beantragen, dass die beteiligungswidrige Maßnahme, also die Einstellung oder Versetzung, aufgehoben wird (§ 101 BetrVG). Dieses arbeitsgerichtliche Verfahren ist wiederum auf eine einzelne personelle Einzelmaßnahme bezogen. Der Betriebsrat verlangt die **Aufhebung der einzelnen Maßnahme** unter namentlicher Nennung des einzelnen Beschäftigten.

Gute Öffentlichkeitsarbeit

Das fällt vielen Betriebsräten schwer, und zwar auch deshalb, weil Arbeitgeber dem Betriebsrat häufig vorwerfen, gegen einen einzelnen Beschäftigten vorzugehen. Dieser Vorwurf ist aber falsch! Der Betriebsrat geht nicht gegen einen einzelnen Beschäftigten vor, sondern gegen den Arbeitgeber, der eine personelle Maßnahme umsetzt, ohne das Beteiligungsrecht des Betriebsrats einzuhalten. Wenn man sich dies vor Augen hält, kann man den zu erwartenden Vorwürfen seitens des Arbeitgebers gute Argumente entgegenhalten.

!

Da diese Zusammenhänge in der Belegschaft nicht bekannt sind, sollten Betriebsräte in solchen Situationen immer daran denken, ihr Verhalten transparent zu machen und durch gute Öffentlichkeitsarbeit den Grund für das eigene Vorgehen aufzuzeigen.

Näheres zum Beschlussverfahren in Band 5

Wichtig zu wissen ist, dass es in solchen Fällen nach allgemeiner Ansicht nur in Ausnahmefällen möglich ist, eine einstweilige Verfügung, also ein besonderes Eilverfahren, vor dem Arbeitsgericht gerichtet auf die sofortige Aufhebung der Maßnahme durchzuführen.[77] Das Verfahren ist ein ganz normales **Beschlussverfahren**, das wiederum einige Monate dauern kann. Das bedeutet, dass der vom Arbeitgeber herbeigeführte mitbestimmungswidrige Zustand erst einmal aufrecht erhalten bleibt, und zwar so lange wie das Verfahren vor dem Arbeitsgericht andauert.

b. Antrag auf Unterlassen

Unterlassen der Maßnahme

Verletzt der Arbeitgeber mehrfach das Beteiligungsrecht des Betriebsrats bei personellen Einzelmaßnahmen kann der Betriebsrat überlegen, ob er ein **Beschlussverfahren auf Unterlassen** der mitbestimmungswidrigen Durchführung personeller Einzelmaßnahmen vor dem Arbeitsgericht durchführt (§ 23 Abs. 3 BetrVG).[78] Das setzt jedoch einen groben Verstoß des Arbeitgebers voraus, der regelmäßig nicht gegeben ist, wenn der

---

77 BAG 23.6.2009 – 1 ABR 23/08; ausführlich hierzu Bachner in BetrVG Kommentar für die Praxis von Däubler/Klebe/Wedde (Hrsg.), § 101 Rn. 22ff.

78 BAG 6.12.1994 – 1 ABR 30/94.

Arbeitgeber einmalig gegen das Recht des Betriebsrats aus § 99 BetrVG verstößt. Ferner ist dieses Verlangen **auf die Zukunft ausgerichtet** und soll – anders als § 101 BetrVG, der eine konkrete personelle Maßnahme hinsichtlich eines konkreten Beschäftigten betrifft – sicherstellen, dass das Beteiligungsrecht des Betriebsrats nach § 99 BetrVG künftig beachtet wird. Dennoch sollte der Betriebsrat auch solche einmaligen Fälle nicht dulden, sondern den Arbeitgeber auffordern – wegen der Beweisbarkeit am besten schriftlich oder per Mail – das Beteiligungsrecht auf jeden Fall künftig einzuhalten. Denn nach einer entsprechenden Aufforderung kann der Arbeitgeber beim nächsten Mal nicht behaupten, nichts gewusst zu haben.

VIII. Mitbestimmungsrechte

Ausdrückliche Zustimmung

Die größten Gestaltungsmöglichkeiten stehen dem Betriebsrat im Rahmen der echten Mitbestimmung zu. Hier darf der Arbeitgeber die von ihm geplanten Maßnahmen nur mit ausdrücklicher Zustimmung des Betriebsrats durchführen. Dabei gilt ein **Schweigen** des Betriebsrats nicht als Zustimmung. Vielmehr muss der Betriebsrat der vom Arbeitgeber beabsichtigten Maßnahme ausdrücklich die Zustimmung erteilen. Der Betriebsrat muss einen **Beschluss** gefasst haben, in dem er der vom Arbeitgeber geplanten Maßnahme zustimmt.

1. Woran erkennt man die Mitbestimmung?

Einigung erzielen

Das BetrVG sieht an mehreren Stellen ein echtes Mitbestimmungsrecht vor.

Merkliste zu den Mitbestimmungsrechten auf Seite 118

Begriffserklärung:
Ein **echtes Mitbestimmungsrecht** erkennt man daran, dass der Gesetzestext dem Betriebsrat nicht nur ausdrücklich das Recht auf Mitbestimmung zuweist, sondern darüber hinaus ausführt, dass für den Fall, das keine Einigung zwischen Betriebsrat und Arbeitgeber erzielt werden kann, die Einigungsstelle entscheidet und der **Spruch der Einigungsstelle** die fehlende Einigung zwischen den Betriebsparteien – also Betriebsrat und Arbeitgeber – **ersetzt.**

Damit ist beschrieben, wie das Mitbestimmungsrecht des Betriebsrats in der Praxis umgesetzt werden soll: Der Arbeitgeber und der Betriebsrat sollen die Maßnahme gemeinsam verhandeln und festlegen.

Der Betriebsrat hat die Möglichkeit, den Inhalt der Maßnahme und deren Umsetzung konkret mitzugestalten. Er kann aber auch die Maßnahme komplett ablehnen und seine Zustimmung vollständig verweigern.

!

Der Arbeitgeber darf in beiden Fällen, also wenn der Betriebsrat die Maßnahme insgesamt ablehnt oder wenn er ihr nur unter bestimmten Bedingungen und Änderungen zustimmt, die Maßnahme nicht einfach nach seinen eigenen Vorstellungen umsetzen. Für diese Fälle muss er die Einigungsstelle anrufen und dort versuchen, mit dem Betriebsrat eine Einigung zu erzielen. Gelingt auch das nicht, darf der Arbeitgeber die Maßnahme nur dann umsetzen, wenn die Einigungsstelle einen Spruch fällt, der es dem Arbeitgeber erlaubt, seine Vorstellungen durchzusetzen.

Begriffserklärung:
Eine **Einigungsstelle** ist ein besonderes Gremium, das aus einem neutralen Vorsitzenden (meistens einer Arbeitsrichterin oder einem Arbeitsrichter) und einer gleichen Anzahl von Arbeitgeber- und Betriebsratsbeisitzern besteht. Auf die Besetzung müssen sich die Betriebsparteien einigen. Wie es zu einer Einigungsstelle kommt und wie diese funktioniert, ist ausführlich im Band 5[79] beschrieben.

Näheres zur Einigungsstelle in Band 5

2. Umfang des Mitbestimmungsrechts

Konkreter Gegenstand der Mitbestimmung

Räumt das BetrVG dem Betriebsrat ein echtes Mitbestimmungsrecht ein, muss genau ermittelt werden, worauf sich dieses bezieht. Es muss im entsprechenden Paragrafen nachgelesen werden, was konkret der Gegenstand der Mitbestimmung ist.

Beispiel 1: betriebliche Bildungsmaßnahme zum Qualifikationserhalt
In § 97 Abs. 2 BetrVG wird dem Betriebsrat bei der Durchführung von **betrieblichen Bildungsmaßnahmen** ein echtes Mitbestimmungsrecht gewährt. Das hört sich erst einmal so an, als ob der Betriebsrat vom Arbeitgeber jederzeit die Durchführung von betrieblichen Bildungsmaßnahmen verlangen kann. Leider ist das aber nicht so. § 97 Abs. 1 BetrVG führt in seinem ersten Satz aus, dass das Mitbestimmungsrecht nur besteht, wenn der Arbeitgeber zuvor im Betrieb Maßnahmen durchführt, die zu Tätigkeitsänderung führen und die Fähigkeiten und Kenntnisse der Beschäftigten zur

79 In der Reihe »Auf den Punkt – Grundwissen für neue Betriebsratsmitglieder« sind insgesamt 8 Bände erschienen (Näheres auf Seite 2).

Erfüllung der Aufgaben dann nicht mehr ausreichen. Der Betriebsrat kann also in diesem Bereich nur dann mitbestimmen, wenn der Arbeitgeber zuvor tätigkeitsändernde Maßnahmen im Betrieb durchführt. Das kann z.B. der Fall sein, wenn der Arbeitgeber neue Maschinen installiert oder die eingesetzte Software ändern will.

Beispiel 2: betriebliche Fortbildungsmaßnahmen
Ähnlich ist es auch im § 98 BetrVG. Dort findet sich in Absatz 4 ein echtes Mitbestimmungsrecht. Es liest sich so, als ob der Betriebsrat vom Arbeitgeber die Durchführung von betrieblichen **Fort- und Weiterbildungsmaßnahmen** verlangen kann. Hier müssen die Absätze 1 und 3 genau mitgelesen werden. Denn in dieser Vorschrift ist aufgenommen, dass das Mitbestimmungsrecht nur besteht, wenn der Arbeitgeber betriebliche Bildungsmaßnahmen tatsächlich durchführt oder diese jedenfalls (mit-)finanziert. Dem Betriebsrat steht damit in diesem Bereich ein Mitbestimmungsrecht erst zu, wenn der Arbeitgeber aus eigenem Antrieb betriebliche Bildungsmaßnahmen durchführt oder anbietet. Macht der Arbeitgeber dies nicht, so besteht auch kein Mitbestimmungsrecht. In diesen Fällen bezieht sich das Mitbestimmungsrecht folglich nicht auf die Frage, ob betriebliche Bildung durchgeführt wird. Hat sich der Arbeitgeber jedoch entschieden, solche Bildungsmaßnahmen durchzuführen, muss er die konkrete Durchführung mit dem Betriebsrat verhandeln und seine Zustimmung herbeiführen. Das Mitbestimmungsrecht bezieht sich in diesem Bereich ausschließlich auf das Wie der Bildungsmaßnahme.

3. Mitbestimmung in sozialen Angelegenheiten

a. Direktionsrecht und Mitbestimmung

Arbeitsbedingungen mitgestalten

Der wichtigste Bereich der echten Mitbestimmung ist in § 87 BetrVG geregelt, der die sozialen Angelegenheiten betrifft. Diese Vorschrift regelt den Kernbereich der Mitbestimmung des Betriebsrats. Sinn und Zweck der Regelung ist der Schutz der Beschäftigten, indem dem Betriebsrat die Möglichkeit eingeräumt wird, die aufgezählten und wesentlichen Arbeitsbedingungen mitzugestalten. Die Ausübung des Direktionsrechts durch den Arbeitgeber wird in diesen Angelegenheiten der unbedingten Beteiligung des Betriebsrats unterworfen. Auf diese Weise wird dem Betriebsrat die Möglichkeit eingeräumt, den Grundsatz von »Recht und Billigkeit«, das Gebot der Gleichbehandlung, sowie den Anspruch der Beschäftigten auf freie Entfaltung der Persönlichkeit und das Recht auf belastungsarme bzw. -freie, die Gesundheit möglichst weitreichend schonende Arbeitsbedingungen mitzugestalten und zu wahren.

Mit anderen Worten: Das Mitbestimmungsrecht des Betriebsrats beschränkt das Weisungsrecht des Arbeitgebers. !

b. Unverzichtbarkeit der Mitbestimmung

Verzicht auf Mitbestimmungsrecht unzulässig

Da dieses Mitbestimmungsrecht einen so hohen Stellenwert hat und dem Schutz der Beschäftigten dient, darf der Betriebsrat nicht auf dessen Ausübung verzichten. Ein **Verzicht auf das Mitbestimmungsrecht** und auf Ausübung desselben ist unzulässig.[80] Daraus folgt für den Betriebsrat die Pflicht, sein Gestaltungsrecht zu Gunsten der Beschäftigten tatsächlich auszuüben und nicht dem Arbeitgeber die alleinige Ausgestaltung zu überlassen.

c. Umfang des Mitbestimmungsrechts

§ 87 Abs. 2 BetrVG

Dass in den sozialen Angelegenheiten ein echtes Mitbestimmungsrecht gegeben ist, ergibt sich aus § 87 Abs. 2 BetrVG. Dort ist geregelt, dass die fehlende Einigung zwischen den Betriebsparteien nur durch den Spruch der Einigungsstelle ersetzt werden kann. Wie schon oben ausgeführt, bedeutet dies, dass der Arbeitgeber Maßnahmen in diesem Bereich nur mit **Zustimmung des Betriebsrats** durchführen darf. Ohne Zustimmung darf er nicht handeln. Aber auch **Änderungen** von bereits mit dem Betriebsrat vereinbarten Maßnahmen bedürfen der Zustimmung des Betriebsrats.

Beispiel:
Will der Arbeitgeber von einer mit dem Betriebsrat vereinbarten Schichtplanung abweichen, darf er dies nicht ohne Zustimmung des Betriebsrats tun. Erteilt der Betriebsrat die Zustimmung nicht, muss die Veränderung unterbleiben. Der Arbeitgeber kann – wenn er die Änderung unbedingt durchsetzen will – die Einigungsstelle anrufen und versuchen, den Konflikt mit dem Betriebsrat dort zu klären.

---

80 BAG 26.4.2005 – 1 AZR 76/04; 29.1.2008 – 3 AZR 42/06.

d. Mitbestimmung als Initiativrecht

Initiative des Betriebsrats

Das Mitbestimmungsrecht des Betriebsrats in sozialen Angelegenheiten geht sogar noch weiter: der Betriebsrat kann vom Arbeitgeber auch aktiv Maßnahmen, die dem Bereich des § 87 Abs. 1 BetrVG zugeordnet sind, verlangen. Das nennt man **Initiativrecht** des Betriebsrats. Verweigert der Arbeitgeber zu den Vorschlägen des Betriebsrats Verhandlungen oder will er sie nur unter für den Betriebsrat nicht akzeptablen Bedingungen umsetzen, kann der Betriebsrat die Verhandlungen für gescheitert erklären. Er kann dann von sich aus die Einigungsstelle anrufen, um im Rahmen dieses Verfahrens seine Vorstellungen umzusetzen.

> **Hinweis:**
> In sozialen Angelegenheiten ist der Betriebsrat damit nicht auf einen Vorschlag des Arbeitgebers angewiesen. Er kann vielmehr selbst Vorschläge unterbreiten und diese durch geschicktes Verhandeln und Überzeugen – zur Not in der Einigungsstelle – durchsetzen. Damit steht dem Betriebsrat im Bereich der sozialen Angelegenheiten ein weit gefasstes Gestaltungsrecht zu. Anzumerken ist dabei, dass bei einigen Themen des § 87 Abs. 1 BetrVG dieses Initiativrecht von der Rechtsprechung des BAG eingeschränkt wird, z. B. bei freiwilligen Leistungen (Nr. 10 und Nr. 11) oder bei der Einführung eines DV-Systems (Nr. 6).

e. Form der Ausübung

Beschluss des Betriebsrats notwendig

Wie der Betriebsrat sein Mitbestimmungsrecht ausübt, ist im BetrVG nicht geregelt. Er kann selbst wählen, auf welche Art und Weise er seine Zustimmung erteilt.

Näheres zur Betriebsvereinbarung in Band 7

Eine häufige Form ist der Abschluss einer Betriebsvereinbarung oder einer Regelungsabrede (was das jeweils ist und wie diese jeweils zu Stande kommt, wird ausführlich in Band 7 erläutert). Der Betriebsrat kann seine Zustimmung auch auf andere Art und Weise erteilen, indem er beispielsweise ein Schreiben oder eine E-Mail an den Arbeitgeber richtet. Notwendig ist aber immer ein **Beschluss des Betriebsrats**, der die Zustimmung zu der konkreten Maßnahme und deren Durchführung beinhaltet.[81] In welcher Form der Betriebsrat das Mitbestimmungsrecht konkret ausübt, muss er davon abhängig machen, worum es im Einzelfall geht. So macht es einen Unterschied, ob ein einmaliger Vorgang geregelt werden soll, oder aber ob allgemein gültige Regelungen getroffen werden, die über einen langen Zeitraum gelten.

---

81 BAG 9. 12. 2014 – 1 ABR 19/13.

Beispiel:
Es ist ratsam, generelle Fragen rund um die Arbeitszeit in einer Betriebsvereinbarung zu regeln. In der konkreten betrieblichen Situation kann aber zum Beispiel die Zustimmung zur einmaligen Samstagsarbeit ausnahmsweise durch ein Schreiben des Betriebsrats erteilt werden.

Wichtig ist dabei, dass der Betriebsrat darauf achtet, dass auch gegenüber dem Arbeitgeber eindeutig festgehalten wird, welchen konkreten Inhalt der Beschluss des Betriebsrats hat, also ob dieser sich nur auf den einen konkreten Samstag oder auf Samstagsarbeit im Allgemeinen bezieht.

f. Keine Einschränkung bei Eilfällen

Mitbestimmung bei Eilfällen

Das Mitbestimmungsrecht des Betriebsrats besteht immer, d.h. ausnahmslos. Der Arbeitgeber muss den Betriebsrat insbesondere bei Vorliegen eines Eilfalls um Zustimmung bitten und darf auch in diesen Fällen die von ihm geplante Maßnahme nicht ohne Zustimmung des Betriebsrats umsetzen.[82]

Eilfall

Begriffserklärung:
Von einem **Eilfall** ist auszugehen, wenn eine betriebliche Situation vorliegt, die einer möglichst schnellen Regelung bedarf, der der Betriebsrat seine Zustimmung nicht oder noch nicht erteilt hat. Denkbar ist das z. B. bei einer vom Arbeitgeber kurzfristig gewünschten Mehrarbeit, die er erforderlich hält, weil der Auftrag umfangreicher war als gedacht oder kurzfristig ein Kundenauftrag hereingekommen ist.

Nur weil der Arbeitgeber eine Maßnahme als eilbedürftig ansieht, wird das Mitbestimmungsrecht des Betriebsrats nicht beseitigt oder aufgehoben. Das würde nämlich dazu führen, dass der Betriebsrat die konkreten Arbeitsbedingungen nicht mitgestalten kann. Ob dies auch für so genannte **Notfälle** gilt, ist von der Rechtsprechung des BAG noch nicht entschieden.

Notfall

Begriffserklärung:
Unter einem **Notfall** wird eine plötzlich eintretende, nicht vorhersehbare und schwerwiegenden Situation verstanden, die es zur Verhinderung von erheblichen, die Existenz des Unternehmens bedrohenden Schäden erfor-

82 Ständige Rechtsprechung des BAG zuletzt 9.7.2013 – 1 ABR 19/12.

derlich macht, sofortige Maßnahmen zu ergreifen.[83] Hierunter fallen meist Naturkatastrophen wie Überschwemmungen, Blitzeinschlag oder Brände, aber auch plötzlich auftretende Explosionsgefahr. Gemeint sind also extreme Notsituationen.

Es spricht einiges dafür, dass in diesen Notfällen das Mitbestimmungsrecht eingeschränkt ist und vorübergehend nicht besteht. Bei der Bewertung, ob ein Notfall vorliegt, ist immer zu berücksichtigen, dass darunter schwerwiegende Ausnahmefälle zu verstehen sind. Es kommt häufig vor, dass Arbeitgeber sich auf Notfälle berufen, obwohl allenfalls ein Eilfall gegeben ist.

! **Betriebsräte müssen die jeweilige Situation immer genau prüfen und im Zweifelsfall auf die Ausübung ihres Mitbestimmungsrechts bestehen.**

g. Grenzen des Mitbestimmungsrechts

Abschließende Regelung

Auch wenn das Mitbestimmungsrecht umfassend ist, gelten dennoch zwei Einschränkungen: ein Mitbestimmungsrecht des Betriebsrats ist **nicht** gegeben, wenn
- der Regelungsgegenstand entweder durch ein Gesetz
- oder durch einen Tarifvertrag

abschließend geregelt ist.

Begriffserklärung:
Abschließend heißt, dass die beabsichtigte betriebliche Maßnahme durch ein Gesetz oder einen Tarifvertrag eindeutig geregelt ist und weitere Regelungsmöglichkeiten ausgeschlossen sind. Es darf also keine Alternative zu der vom Arbeitgeber konkret vorgeschlagenen Maßnahme geben.

Gibt das Gesetz oder der Tarifvertrag dagegen den Betriebsparteien Gestaltungs- und Regelungsspielräume, kann also die Maßnahme auf unterschiedliche Arten ausgestaltet sein, bleibt das Mitbestimmungsrecht bestehen.
Bei der betrieblichen Gestaltung müssen die Grenzen des Gesetzes oder des Tarifvertrags eingehalten werden.

83 BAG 2.3.1982 – 1 ABR 74/79.

Begriffserklärung:
Als **Gesetz** im Sinne des § 87 Abs. 1 BetrVG gelten alle Gesetze, Verordnungen, Satzungen, Verwaltungsakte und behördliche Anweisungen.

Ein **Tarifvertrag** kann das Mitbestimmungsrecht des Betriebsrats nur ausschließen, wenn der Arbeitgeber tarifgebunden ist, wenn der Arbeitgeber also im Arbeitgeberverband ist, einen Firmentarifvertrag abgeschlossen hat oder der Tarifvertrag allgemeinverbindlich ist. Anbei drei Beispiele, um diese Einschränkungen zu verdeutlichen:

- **Arbeitszeitgesetz:** Das Arbeitszeitgesetz sieht vor, dass pro Arbeitstag maximal zehn Stunden gearbeitet werden darf. Eine Betriebsvereinbarung darf daher diese zehn Stundengrenze nicht ausweiten. Eine Ausnahme hiervon gilt wiederum nur dann, wenn in diesen zehn Stunden Bereitschaftsdienste integriert sind, denn dann lässt das Arbeitszeitgesetz ausnahmsweise eine Verlängerung zu. Das hat zur Folge, dass die Betriebsparteien in einem Betrieb, in dem es gesetzlich zulässig ist, Bereitschaftsdienste zu leisten, in einer Betriebsvereinbarung festlegen können, dass die tägliche Arbeitszeit von 10 Stunden in diesen Fällen überschritten werden kann; dabei müssen sie allerdings die gesetzlichen (und tarifvertraglichen) Vorgaben beachten.
- **Gesetzliches Rauchverbot in öffentlichen Gebäuden:** Wegen der eindeutigen gesetzlichen Regelung kann eine Betriebsvereinbarung das Rauchen im Gebäude nicht zulassen. Hier kann der Betriebsrat allenfalls Regelungen mit dem Arbeitgeber vereinbaren, an welchen Stellen außerhalb des Gebäudes Raucherplätze eingerichtet werden.
- **Tarifvertrag:** Ein Tarifvertrag sieht im Fall von Schichtdiensten das Ableisten von maximal 10 Diensten in Folge vor. Hier darf eine Betriebsvereinbarung zwar festlegen, dass nur sieben Dienste in Folge geleistet werden dürfen, nicht aber, dass maximal 12 Dienste zu leisten sind.

h. Kollektiver Bezug

Ein Mitbestimmungsrecht ist ferner nur dann gegeben, wenn es sich um eine so genannte kollektive Maßnahme handelt. Abgrenzungsmerkmal ist hierbei, ob es sich um eine generelle Regelung handelt oder um Maßnahmen, die nur einen Beschäftigten betreffen, weil es sich um dessen besondere persönliche Situation oder dessen Wünsche handelt. **Kollektive Maßnahme**

Begriffserklärung:
Unter **Maßnahmen mit kollektivem Bezug** sind alle Fälle zu verstehen, die sich abstrakt auf den ganzen Betrieb oder eine Gruppe von Beschäftigten beziehen. Dazu sind auch Regelungen zu zählen, die für bestimmte Arbeitsplätze oder sogar einzelne Arbeitsplätze gelten, sofern diese Regelungen unabhängig von der Person des Beschäftigten und seiner besonderen Situation gelten sollen. Mit anderen Worten: ein kollektiver Bezug liegt immer dann vor, wenn sich eine Frage stellt, die die kollektiven Interessen der Beschäftigten des Betriebes berührt.

Wichtig zu wissen ist, dass ein Arbeitgeber das Mitbestimmungsrecht des Betriebsrats nicht dadurch ausschließen kann, dass er mit den Beschäftigten einzelvertragliche Vereinbarungen trifft, oder indem er dem vermeintlichen Regelungswunsch aller oder einzelner Beschäftigter nachkommt.

! **Wenn der Arbeitgeber die Zuwendung von Entgeltbestandteilen oder das Gewähren sonstiger Vorteile von der Leistung der Beschäftigten abhängig machen will, handelt es sich immer um eine kollektive Maßnahme. Denn, ob jemand gut oder weniger gut gearbeitet hat, kann sich nur aus dem Vergleich mit den anderen Beschäftigten ergeben.**[84]

i. Der Katalog der sozialen Angelegenheiten

§ 87 Abs. 1 BetrVG

Welche Themen von der Mitbestimmung erfasst sind, ist **abschließend** in § 87 Abs. 1 BetrVG geregelt. Dort sind insgesamt 14 unterschiedliche Themen aufgeführt. Abschließend heißt auch in diesem Zusammenhang, dass nur diejenigen Themen der echten Mitbestimmung unterliegen, die dort genannt sind. Der Katalog ist nicht beispielhaft, sondern benennt alle Themen, die zu den mitbestimmungspflichtigen sozialen Angelegenheiten zählen. Das sind eine ganze Menge und auch wichtige.

aa. Ordnung im Betrieb und Betriebsbußen

§ 87 Abs. 1 Nr. 1 BetrVG

Der erste Themenkreis (§ 87 Abs. 1 Nr. 1 BetrVG) ist die so genannte Ordnung im Betrieb.

Begriffserklärung:
Ordnung im Betrieb meint das Verhalten der Beschäftigten im Betrieb.

84 BAG 22.9.1992 – 1 AZR 460/90.

Vom Mitbestimmungsrecht ist aber nicht die arbeitsbezogene Einzelanweisung (Arbeitsanweisung) erfasst, sondern es sind vielmehr nur diejenigen Verhaltensweisen, die das betriebliche Zusammenleben und -wirken der Beschäftigten bestimmen, erfasst.[85] Gemeint sind allgemeingültige Verhaltensregeln, die das Verhalten der Beschäftigten beeinflussen und/oder koordinieren.

Beispiele:

- ein Rauch- oder Alkoholverbot im Betrieb;
- das Tragen von einheitlicher Kleidung oder Uniformen;
- das Durchführen von Torkontrollen;
- Regelungen zum Radiohören;
- Regelungen zur privaten Nutzung von Telefon oder Internet;
- die Einführung von Ethikrichtlinien, wenn diese Regelungen enthalten, wie bei Verstößen zu reagieren ist.

Die Abgrenzung zwischen mitbestimmungsfreiem Arbeits- und mitbestimmungspflichtigem Ordnungsverhalten ist dabei nicht leicht zu treffen. Das BAG hat die Grenze immer weiter in Richtung mitbestimmungsfreiem Arbeitsverhalten verschoben. Es hat zuletzt entschieden, dass auch Maßnahmen des Arbeitgebers, die allein dazu dienen sollen, das Arbeitsverhalten der Beschäftigten sicherzustellen, nicht dem Ordnungs- sondern dem Arbeitsverhalten zuzuordnen sind.[86] Hiernach soll ein Handyverbot dann mitbestimmungsfrei ausgesprochen werden können, wenn dies allein dazu bestimmt ist, Betriebsunfälle im Rahmen von Produktionsabläufen zu verhindern. Dies ist kritikwürdig, da der Maßstab für die Mitbestimmung allein die Motivation des Arbeitgebers sein soll und nicht die Auswirkung auf die Beschäftigten. Dies führt zu einer erheblichen Einschränkung der Mitbestimmung und damit der Gestaltungsmöglichkeiten des Betriebsrats. Was wiederum zur Folge hat, das die Belange der Beschäftigten nicht bzw. nicht ausreichend Berücksichtigung finden.
Ein zweiter Fall der in der Ziffer 1 genannten Themen ist das Aufstellen von **Betriebsbußen**.

85 BAG 13.2.2007 – 1 ABR 18/06.
86 BAG 17.10.2023 – 1 ABR 24/24.

Begriffserklärung:
Dabei handelt es sich um ein **betriebliches Sanktionssystem**, das darauf gerichtet ist, die Einhaltung der kollektivrechtlichen Ordnung sicherzustellen.

Solche Sanktionssysteme sind zu Recht selten und sind darüber hinaus nur dann gültig, wenn die Verhaltensweisen, die mit einer Buße belegt werden sollen, genau beschrieben werden. Zu beachten ist dabei, dass es nicht darum geht, eine schlechte Arbeitsleistung oder die Verletzung einer arbeitsvertraglichen Pflicht zu sanktionieren. Deshalb darf eine Abmahnung nicht Gegenstand einer solchen Betriebsbuße sein.

bb. Beginn und Ende der Arbeitszeit

§ 87 Abs. 1 Nr. 2 BetrVG

Eines der wichtigsten Themen ist der Beginn und das Ende der Arbeitszeit einschließlich der Pausen sowie die Verteilung auf die einzelnen Wochentage (§ 87 Abs. 1 Nr. 2 BetrVG). Von diesem Mitbestimmungsrecht sind nicht die Dauer und der Umfang der Sollarbeitszeit (also ob z. B. eine 35 oder 40 Stundenwoche gilt) erfasst. Die Festlegung des Umfangs der Sollarbeitszeit obliegt immer den Tarifvertrags- oder den Arbeitsvertragsparteien. Das heißt, dass der Betriebsrat nicht die dauerhafte Erhöhung oder Verkürzung der Sollarbeitszeit vereinbaren kann. Dies muss entweder mit der Gewerkschaft oder mit jedem einzelnen Beschäftigten vereinbart werden.

! **Das Mitbestimmungsrecht erfasst ausschließlich die Lage der Arbeitszeit. Dabei umfasst es nicht nur die Lage pro Arbeitstag, sondern auch die Anzahl der Arbeitstage pro Woche. So kann der Betriebsrat durchaus mitbestimmen, ob der Samstag ein Regelarbeitstag ist oder nicht, sofern der Tarifvertrag den Samstag nicht – wie etwa im Einzelhandel – als Regelarbeitstag festlegt.**

Festlegung des Arbeitszeitmodells

Zum Mitbestimmungsrecht gehört auch die Festlegung des Arbeitszeitmodells, also ob eine feste Arbeitszeit für alle gilt oder ob Gleitzeit gearbeitet wird. Die Einführung von Vertrauensarbeitszeit ist ebenfalls mitbestimmungspflichtig wie auch die Einführung von Schichtarbeit. Dabei unterliegt auch das Schichtmodell – also wie viele Schichten an wie vielen Tagen gearbeitet werden – der Mitbestimmung.

Ausnahme: Umfang der Sollarbeitszeit

Wird nach Dienst- oder Schichtplänen gearbeitet, ist auch die Zuordnung der einzelnen Beschäftigten zu der einzelnen Schicht der Mitbestimmung unterworfen. Dies gilt auch für die Zuordnung von Leiharbeitskräften zu den einzelnen Schichten; das Mitbestimmungsrecht des Betriebsrats bezieht sich auch auf diesen Beschäftigtenkreis.[87]

Von der Lage der Arbeitszeit sind tatsächlich alle Aspekte der Arbeitszeit erfasst (z. B. auch wie Umkleidezeiten behandelt werden),[88] mit Ausnahme des Umfangs der Sollarbeitszeit. Wichtig hervorzuheben ist, dass die vom Betriebsrat mitgestalteten Arbeitszeitregelungen immer die Regelungen des Arbeitszeitgesetzes und die im Betrieb geltenden Tarifbestimmungen berücksichtigen müssen. Gegen diese darf nicht verstoßen werden. !

Von dieser Ziffer 2 ist die Pflicht zur Erfassung der tatsächlichen Arbeitszeit nicht erfasst. Handlungsmöglichkeiten erwachsen dem Betriebsrat diesbezüglich vielmehr nach den Regelungen der Ziffer 7.

cc. Mehr- und Kurzarbeit

§ 87 Abs. 1 Nr. 3 BetrVG

Das Mitbestimmungsrecht hinsichtlich der Arbeitszeit bezieht sich nicht nur auf die Lage, sondern auch auf die vorübergehende Verlängerung oder Verkürzung der Arbeitszeit (§ 87 Abs. 1 Nr. 3 BetrVG). Es geht hierbei also doch um den Umfang der Arbeitszeit, aber eben nur um die **vorübergehende** Veränderung. Dies nennt man Mehrarbeit oder Überstunden, wenn es um eine vorübergehende Verlängerung geht, bzw. Kurzarbeit im Falle der vorübergehenden Verkürzung. Sobald es darum geht, den Umfang auf Dauer zu verlängern, besteht kein Mitbestimmungsrecht des Betriebsrats. Vom Mitbestimmungsrecht in Bezug auf Mehr- und Kurzarbeit sind nicht nur die allgemeinen Regelungen, unter denen diese zu leisten sind, umfasst (z. B. ob Mehrarbeit nur freiwillig geleistet werden darf), sondern auch der Personenkreis, der sie zu leisten hat. Der Betriebsrat bestimmt mit, wer von Mehr- oder Kurzarbeit betroffen ist.
Wichtig zu wissen ist bei der Vereinbarung von Kurzarbeit, dass der Betriebsrat in diesen Fällen unmittelbar in den Beschäftigungsanspruch und damit mittelbar in den Vergütungsanspruch der Beschäftigten eingreift, und zwar auch dann, wenn kein Kurzarbeitergeld von der Agentur für Arbeit gewährt wird.[89] Daher ist besondere Sorgfalt beim Abschluss solcher Betriebsvereinbarungen geboten!

dd. Zeit, Ort und Art der Auszahlung des Arbeitsentgelts

§ 87 Abs. 1 Nr. 4 BetrVG

Der Mitbestimmung des Betriebsrats unterliegt, wann und auf welche Weise das Arbeitsentgelt auszuzahlen ist (§ 87 Abs. 1 Nr. 4 BetrVG). Will

87 BAG 28. 7. 2020 – 1 ABR 45/18.
88 BAG 12. 11. 2013 – 1 ABR 59/12.
89 LAG Hamm 25. 4. 2024 – 5 Sa 1152/22.

der Arbeitgeber den bisherigen Auszahlungstag verändern (z. B. vom 15. auf das Ende des Kalendermonats), bedarf dies der Zustimmung des Betriebsrats. Fragen zu Ort und Art der Auszahlung haben weniger Bedeutung, da es seit langem üblich ist, das Entgelt bargeldlos auszuzahlen.

ee. Mitbestimmung bei Urlaubsfragen

§ 87 Abs. 1 Nr. 5 BetrVG

Hinsichtlich Urlaubsangelegenheiten steht dem Betriebsrat ein Mitbestimmungsrecht zu (§ 87 Abs. 1 Nr. 5 BetrVG). Hiervon erfasst sind zunächst **Urlaubsgrundsätze**.

> **Begriffserklärung:**
> Unter **Urlaubsgrundsätzen** versteht man allgemeine Regelungen der Urlaubsgewährung, also z. B. wie und wann der Urlaub von den Beschäftigten zu beantragen und vom Arbeitgeber zu genehmigen ist.

Weiterhin hiervon erfasst ist die Aufstellung des so genannten **Urlaubsplans**.

> **Begriffserklärung:**
> Unter einem **Urlaubsplan** ist die Festlegung der zeitlichen Lage des Urlaubs für alle Beschäftigte des Betriebs oder einzelner Abteilungen zu verstehen.

Dieses Mitbestimmungsrecht stellt also eine Ausnahme von dem Grundsatz des kollektiven Bezugs dar, denn es gibt dem Betriebsrat die Möglichkeit, die individuellen Urlaubsansprüche der einzelnen Beschäftigten festzulegen und im Falle einer fehlenden Einigung mit dem Arbeitgeber eine Einigung in der Einigungsstelle zu erreichen. Allerdings muss ein Urlaubsplan nicht vereinbart werden, man kann die Urlaubsgewährung auch anders gestalten.

Außerhalb eines Urlaubsplans steht dem Betriebsrat darüber hinaus ein Mitbestimmungsrecht bei der **Festlegung des Urlaubs einzelner Beschäftigter** zu, wenn diese sich mit dem Arbeitgeber nicht auf dessen Festlegung einigen können.

> **Hinweis:**
> Nicht vom Mitbestimmungsrecht erfasst, ist hingegen der jährliche Gesamtumfang des Urlaubsanspruchs. Dieser wird durch das Bundesurlaubsgesetz, einen Tarifvertrag oder den Arbeitsvertrag festgelegt.

ff. Leistungs- und Verhaltenskontrolle mittels technischer Einrichtungen

§ 87 Abs. 1 Nr. 6 BetrVG

Eine besondere Bedeutung kommt dem Mitbestimmungsrecht des Betriebsrats bei der Einführung und Anwendung von technischen Einrichtungen zu, wenn diese geeignet sind die Leistung und/oder das Verhalten der Beschäftigten zu kontrollieren (§ 87 Abs. 1 Nr. 6 BetrVG). Wichtig ist zunächst, das Gesetz richtig zu interpretieren.

Mitbestimmungspflichtig ist die Einführung solcher Systeme nicht erst, wenn der Arbeitgeber Leistung und Verhalten überwachen will, sondern schon dann, wenn das System geeignet ist, dies zu tun.[90] **!**

Die Überwachung muss dabei von dem technischen System ausgehen, so dass z. B. handschriftlich geführte Tätigkeitsnachweise für sich gesehen nicht der Mitbestimmung unterliegen. Werden diese Tätigkeitsnachweise aber zu einem späteren Zeitpunkt in ein elektronisches System eingegeben, dann fallen schon die manuell erfassten Informationen unter die Mitbestimmung des Betriebsrats. Welche Technik verwendet wird, ist unerheblich. Unter das Mitbestimmungsrecht fallen damit u. a.:

- Videokameras;
- Telefonsysteme, die das Telefonverhalten aufzeichnen können;
- EDV-Systeme jeglicher Art;
- Systeme, die den Zugang kontrollieren;
- Systeme, die Arbeitszeitdaten erfassen;
- Systeme, die Akkordleistungen erfassen;
- der Einsatz von GPS-Systemen;
- E-Mail-Systeme;
- die Einrichtung eines Twitter-Accounts (mittlerweile Umbenennung von »Twitter« in »X«), mit dem Kunden antworten können.[91]

Mit Blick auf die rasante technologische Entwicklung kann davon ausgegangen werden, dass heute jedes technische Arbeitsmittel zur Kontrolle von Leistung und Verhalten geeignet ist und damit das Mitbestimmungsrecht auslöst. Sinn und Zweck ist es, die Beschäftigten vor einer Gefährdung des Persönlichkeitsrechts einschließlich des Grundrechts auf informationelle Selbstbestimmung zu schützen und eine unangemessene, zu starke Kontrolle und Überwachung zu verhindern.

Ein Initiativrecht zur Erfassung der tatsächlichen Arbeitszeit soll nach der Rechtsprechung des BAG nicht bestehen, denn eine solche Erfassung der

90 BAG 25. 9. 2012 – 1 ABR 45/11; 13. 12. 2016 – 1 ABR 7/15.
91 LAG Hamburg 13. 9. 2018 – 2 TaBV 5/18.

Arbeitszeit, die im Rahmen eines objektiven, verlässlichen und zugänglichen Systems zu erfolgen hat, könne im Einzelfall auch in nicht elektronischer Weise erfolgen.[92] Entzieht sich der Arbeitgeber somit dieser Pflicht muss der Betriebsrat nach dieser durchaus kritikwürdigen Rechtsprechung einen anderen Weg zur Durchsetzung suchen, der gestützt sein kann auf Ziffer 7.

Datenschutz und Mitbestimmung

Wichtig zu wissen ist, dass der Beschäftigtendatenschutz auch nach dem neuen Datenschutzrecht nicht der Mitbestimmung unterliegt. Auch das Betriebsrätemodernisierungsgesetz von 2021 hat keine Erweiterung des Mitbestimmungsrechts auf den betrieblichen Datenschutz vorgesehen. Datenschutzrechtliche Regelungen sind deshalb nur dann gestaltbar, wenn eine technische Einrichtung neu eingeführt oder deren Nutzung geändert werden soll, denn eine Betriebsvereinbarung darf nur rechtskonforme Regelungen enthalten und damit nur eine datenschutzkonforme Verarbeitung von Beschäftigtendaten zulassen. Dennoch ist es auf der Grundlage freiwilliger Vereinbarungen zulässig, eigene für den Betrieb oder für das Unternehmen geltende datenschutzrechtliche Regelungen zu treffen.

gg. Arbeits- und Gesundheitsschutz

§ 87 Abs. 1 Nr. 7 BetrVG

Ein weiteres wichtiges Themenfeld der Mitbestimmung ist der **Arbeits- und Gesundheitsschutz** (§ 87 Abs. 1 Nr. 7 BetrVG). Aufgabe des Betriebsrats ist es, den Gesundheitsschutz im Betrieb mitzugestalten, um die Beschäftigten vor gesundheitsbelastenden und -gefährdenden Arbeitsbedingungen zu schützen. Hierunter fallen nicht nur Maßnahmen zur Umsetzung der Unfallverhütungsvorschriften, sondern auch jegliche Regelung zum Gesundheitsschutz.

Beispiele:
- Programme für Suchtprävention;
- belastungsarme Gestaltung der Arbeitsumgebung;
- Maßnahmen zur Lärm- und Geräuschreduzierung;
- die Mitgestaltung des Prozesses der Gefährdungsbeurteilung nach den Regelungen des § 5 Arbeitsschutzgesetzes;
- des betrieblichen Eingliederungsmanagements gemäß § 167 SGB IX.

Ziel ist die Prävention

Der Arbeits- und Gesundheitsschutz baut auf Prävention auf, d. h. die Arbeitsbedingungen sollen so gestaltet sein, dass es nicht zu Erkrankungen kommt. Daher besteht das Mitbestimmungsrecht nicht erst, wenn es

92 BAG 13.9.2022 – 1 ABR 22/21.

im Betrieb bereits zu Unfällen oder Berufserkrankungen gekommen ist. Diese gilt es gerade zu verhindern.
Da die Einhaltung der arbeitszeitrechtlichen Regelungen im Betrieb dem Bereich des Arbeits- und Gesundheitsschutzes zugeordnet wird, ist es von wesentlicher Bedeutung, die tatsächlich geleistete Arbeitszeit zu kontrollieren. Dazu muss sie rechtssicher erfasst werden. Da die Erfassung der Arbeitszeit eine gesetzliche Verpflichtung des Arbeitgebers ist, die sich aus § 3 ArbSchG ergibt, besteht – so die Rechtsprechung des BAG – zwar kein Mitbestimmungsrecht über das Ob der Zeiterfassung, sehr wohl aber über das Wie, also über die konkrete Ausgestaltung.[93] Weigert sich der Arbeitgeber, die Arbeitszeit rechtskonform zu erfassen, so hat der Betriebsrat über diesen Weg die Möglichkeit in Verhandlungen zu treten und die betriebliche Pflicht auszugestalten.

hh. Ausgestaltung von Sozialeinrichtungen

Der Betriebsrat hat auch bei der Ausgestaltung von **Sozialeinrichtungen** mitzubestimmen (§ 87 Abs. 1 Nr. 8 BetrVG).

§ 87 Abs. 1 Nr. 8 BetrVG

Begriffserklärung:
Eine **Sozialeinrichtung** liegt vor, wenn eine Institution oder eine Organisation geschaffen wird, die den Beschäftigten oder auch deren Angehörigen Leistungen oder Vorteile gewährt.

Beispiele:
- Kantinen,
- Betriebskindergärten,
- die Gewährung einer betrieblichen Altersversorgung.

Allerdings bezieht sich das Mitbestimmungsrecht nur auf die Ausgestaltung einer solchen Einrichtung. Das setzt voraus, dass der Arbeitgeber finanzielle Mittel hierfür bereitstellt. Tut er dies nicht, kann der Betriebsrat eine solche nicht rechtlich durchsetzen; er kann sie dann aber vorschlagen und mit dem Arbeitgeber die Vorteile beraten. Das Mitbestimmungsrecht besteht so lange, wie der Arbeitgeber finanzielle Mittel zur Verfügung stellt. Das bedeutet, dass es nicht entfällt, wenn der Arbeitgeber diese zukünftig reduziert. Der Betriebsrat kann dann zwar rechtlich die Kürzung nicht verhindern, aber die damit verbundene Neuverteilung der gekürzten Mittel unterliegt weiterhin der Mitbestimmung.

---

93 BAG 13.9.2022 – 1 ABR 22/21.

ii. Wohnraumzuweisung

§ 87 Abs. 1 Nr. 9 BetrVG

Das Mitbestimmungsrecht bei der Wohnraumverteilung (§ 87 Abs. 1 Nr. 9 BetrVG) hat in der Vergangenheit an Bedeutung verloren, da kaum noch Werksmietwohnungen zur Verfügung stehen. Wichtig zu wissen ist, dass ein Mitbestimmungsrecht dann **nicht** besteht, wenn es sich um Werksdienstwohnungen handelt.

Begriffserklärung:
Von einer **Werksdienstwohnung** ist auszugehen, wenn den Beschäftigten im Rahmen des Arbeitsvertrags aus dienstlichen Gründen eine Wohnung zur Verfügung gestellt wird, wie das z. B. bei Hausmeistern sein kann.

jj. Mitbestimmung bei Entgeltfragen

§ 87 Abs. 1 Nr. 10, 11 BetrVG

Ein weiteres wichtiges Themenfeld der Mitbestimmung ist die Mitgestaltung der **Entgeltordnung** sowie leistungsabhängiger Vergütungsbestandteile (§ 87 Abs. 1 Nr. 10, 11 BetrVG). Hiervon erfasst ist zunächst die Aufstellung eines betrieblichen Entgeltsystems mit unterschiedlichen Entgeltgruppen. Ein solches kann vom Betriebsrat aber nur in nicht tarifgebundenen Betrieben vereinbart werden, denn in tarifgebundenen Betrieben gilt der entsprechende Tarifvertrag, der die Mitbestimmung des Betriebsrats ausschließt. Ein solches Entgeltgruppensystem kann für den AT-Bereich abgeschlossen werden, denn hier gilt der Tarifvertrag ja gerade nicht.
Das Mitbestimmungsrecht geht aber noch weiter: darunter fallen auch alle sonstigen Vergütungsbestandteile und Sachleistungen wie etwa:
- Zulagen für bestimmte Tätigkeiten;
- Sonderzahlungen;
- Ergebnisbeteiligungen;
- verbilligter Werksverkauf;
- die Gewährung von Jobtickets.

Vom Mitbestimmungsrecht umfasst ist ferner die Ausgestaltung von **leistungsabhängigen Entgeltbestandteilen**. Das können Akkord- und Prämiensätze sein, aber auch Provisionen, Bonuszahlungen, u. a.
Bei allen diesen Themen sind zwei Dinge zu beachten: gilt zu einem der genannten Entgeltbestandteile ein Tarifvertrag, so sind dessen Regelungen zu beachten und einzuhalten; sie dürfen weder eingeschränkt noch erweitert werden. Ferner ist immer zu prüfen, ob es sich bei dem genannten Entgelt um eine **freiwillige Leistung des Arbeitgebers** handelt.

Begriffserklärung:
Von einer **freiwilligen Leistung des Arbeitgebers** ist auszugehen, wenn der Arbeitgeber weder durch einen Tarifvertrag noch durch Arbeitsvertrag noch (in seltenen Fällen) durch Gesetz verpflichtet ist, den Entgeltbestandteil zu zahlen.

Bei einer solchen freiwilligen Leistung ist das Mitbestimmungsrecht eingeschränkt: dieses besteht nur, wenn der Arbeitgeber sich von sich aus dazu entschließt, eine solche Zahlung zu gewähren. Tut er dies nicht, dann besteht auch kein Mitbestimmungsrecht. Dieses erstreckt sich in diesen Fällen nur auf das Wie der Verteilungsgrundsätze nicht aber auf das Ob der Zuwendung.

Beispiel:
Ein Betriebsrat in einem nicht tarifgebundenen Betrieb kann eine Erhöhung der Vergütung nicht rechtlich durchsetzen, denn die im Tarifvertrag vereinbarte Erhöhung gilt ja gerade nicht. Zahlt dieser Arbeitgeber also keine Erhöhung, besteht kein Mitbestimmungsrecht. Entschließt sich dieser Arbeitgeber aber, eine Entgelterhöhung durchzuführen und will er die Entgelte nicht gleichmäßig anheben, so muss er die Verteilung der von ihm insgesamt zur Verfügung gestellten finanziellen Mittel mit dem Betriebsrat vereinbaren.

Gerade im Bereich der freiwilligen Leistungen ist es für den Betriebsrat nicht leicht zu agieren, denn er ist darauf angewiesen, dass der Arbeitgeber überhaupt Mittel zur Verfügung stellt. Kluges und geschicktes politisches Vorgehen ist daher in diesem Bereich von besonderer Bedeutung.

kk. Grundsätze des betrieblichen Vorschlagswesens

Begriffserklärung:
Als **betriebliches Vorschlagswesen** bezeichnet man Anreizsysteme für Beschäftigte, die freiwillig und über ihre Arbeitsleistung hinaus Vorschläge unterbreiten, die die Wirtschaftlichkeit des Betriebs oder die Effektivität der Arbeitsorganisation verbessern.

§ 87 Abs. 1 Nr. 12 BetrVG

Auch bei deren Ausgestaltung besteht ein Mitbestimmungsrecht des Betriebsrats.

ll. Einführung von Gruppenarbeit

Schließlich unterliegt die Einführung von **Gruppenarbeit** und deren Ausgestaltung der Mitbestimmung des Betriebsrats.

§ 87 Abs. 1 Nr. 13 BetrVG

> **Begriffserklärung:**
> Unter Gruppenarbeit ist eine bestimmte Arbeitsmethode zu verstehen, bei der nicht das Arbeitsergebnis der einzelnen Beschäftigten bewertet wird, sondern das einer abgrenzbaren und nach allgemeinen Kriterien gebildeten Gruppe von Beschäftigten. Es wird nicht die individuelle Leistung betrachtet, sondern die der Gruppe.

So kann die Einführung agilen Arbeitens in so genannten Scum-Teams der Mitbestimmung nach dieser Ziffer unterliegen, wenn die Erledigung der Tätigkeiten so organisiert ist, dass die Scrum-Teammitglieder diese zusammen und eigenverantwortlich nach allgemeinen Vorgaben eines Scrum-Managers und/oder Product-Owners erledigen müssen.[94]

§ 87 Abs. 1 Nr. 14 BetrVG

mm. Mitbestimmung bei mobiler Arbeit

Seit 2021 besteht ein neuer Gegenstand der Mitbestimmung in sozialen Angelegenheiten. Das BetrVG hat in § 87 Abs. 1 Nr. 14 BetrVG ein Mitbestimmungsrecht bei der Ausgestaltung mobiler Arbeit eingeführt.

Definition: Mobile Arbeit

Mobile Arbeit ist – wie sich aus der Gesetzesbegründung ergibt[95] – jede Tätigkeit, die außerhalb der Betriebsstätte unter Verwendung von Informations- und Kommunikationstechnik erbracht wird. Ausgenommen sind jedoch solche Tätigkeiten, die aufgrund ihrer Eigenart außerhalb der Betriebsstätte ausgeübt werden müssen, z. B. klassische Vertriebstätigkeiten im Außendienst oder die Tätigkeit bei Kunden durch Servicetechniker. Erfasst werden, soll nicht nur die regelmäßige oder dauerhafte mobile Arbeit, sondern auch die nur gelegentliche und ebenso die rein anlassbezogene Tätigkeit in dieser Form. Unter den Begriff fällt also nicht nur die klassische Tätigkeit im Home-Office oder die Telearbeit nach der Arbeitsstättenverordnung, sondern jede Form der Tätigkeit außerhalb der Betriebsstätte mit Ausnahme der Außendiensttätigkeit.

Umfang der Mitbestimmung

Wird der Wortlaut aufmerksam gelesen, ist erkennbar, dass das Mitbestimmungsrecht sich ausschließlich auf die **Ausgestaltung** der mobilen Arbeit und damit auf das **»Wie«** und nicht auf das »Ob« bezieht. Daher kann der Betriebsrat vom Arbeitgeber die Einführung mobiler Arbeit nicht verlangen. Er kann lediglich die Arbeitsbedingungen mitgestalten, wenn der Arbeitgeber mobile Arbeit einführt oder anbietet.[96]

Dieses Mitbestimmungsrecht soll ferner nur subsidiär gelten. Das bedeutet, dass die Ziffer 14 als eine Art **Auffangregelung** anzusehen ist.

---

94 ArbG Bonn 6. 10. 2023 – 3 BV 116/21.

95 BT-Drucksache 19/28899, Seite 23, dort zu Nr. 16.

96 LAG München 10. 8. 2023 – 8 TaBV 6/23.

Diejenigen Elemente der mobilen Arbeit, die bereits aufgrund anderer Ziffern der Mitbestimmung unterliegen (z. B. der Ziffer 6 wegen des Einsatzes der Software; den Ziffern 2 und 3, wenn Regelungen über die Arbeitszeit an mobile Arbeit angepasst werden; der Ziffer 7 wegen der Erfassung der Arbeitszeit), werden nicht verdrängt, sondern vielmehr ergänzt. Dadurch soll sichergestellt werden, dass alle Aspekte der mobilen Arbeit durch den Betriebsrat mitgestaltet werden können. Diese Aspekte sind vielfältig und können beispielsweise Fragen der Erreichbarkeit, der Anwesenheitspflichten im Betrieb, der Gestaltung der Arbeitszeit, des Arbeits- und Gesundheitsschutzes einschließlich der Gefahren durch Entgrenzung von Beruflichem und Privatem, des Datenschutzes, der Kosten für Home-Office, und vielem mehr sein.

4. Verstöße gegen das Mitbestimmungsrecht / Handlungsmöglichkeiten des Betriebsrats

Unterlassungsanspruch des Betriebsrats

Führt der Arbeitgeber eine Maßnahme, die der Mitbestimmung des Betriebsrats unterliegt, ohne dessen Zustimmung durch, so verstößt er gegen seine gesetzliche Verpflichtung zur zwingenden Beteiligung des Betriebsrats. In diesen Fällen steht dem Betriebsrat der allgemeine **Unterlassungsanspruch** zu, den er auch vor dem Arbeitsgericht durchsetzen kann. Der Betriebsrat kann im Rahmen eines solchen Verfahrens vom Arbeitgeber verlangen, dass er das Mitbestimmungsrecht zukünftig einhält und nicht wieder dagegen verstößt. Dieser Unterlassensanspruch unterscheidet sich von dem nach § 23 Abs. 3 BetrVG dadurch, dass ein grobes Verschulden seitens des Arbeitgebers nicht vorliegen muss. Daher kann der Betriebsrat ein solches Unterlassungsverfahren nicht erst nach einem schon eingetretenen Verstoß einleiten, sondern bereits dann, wenn erkennbar wird, dass der Arbeitgeber das Mitbestimmungsrecht nicht einhalten wird.[97]

Beispiel:
Befürchtet der Betriebsrat, dass der Arbeitgeber an einem Samstag Überstunden anweisen wird, obwohl der Betriebsrat seine Zustimmung verweigert hat, muss er nicht bis Samstag warten, sondern kann schon im Vorfeld gerichtliche Hilfe in Anspruch nehmen. Bekommt der Betriebsrat in einem solchen Verfahren Recht und das Arbeitsgericht untersagt dem

97 BAG 3. 5. 1994 – 1 ABR 24/93; 15. 5. 2007 – 1 ABR 32/06.

Arbeitgeber, zukünftig nicht ohne Zustimmung des Betriebsrats Samstagsarbeit anzuordnen, so kann der Betriebsrat in einem zweiten Schritt beim Arbeitsgericht die Verhängung eines Ordnungsgelds erwirken. Der Unterlassungsanspruch soll damit dem Betriebsrat die Möglichkeit geben, sein Mitbestimmungsrecht wirkungsvoll durchzusetzen, und zwar auch im Einzelfall.

Nur ganz ausnahmsweise soll dieser Anspruch auf Unterlassen nicht gegeben sein, nämlich dann, wenn der Betriebsrat im Rahmen eines für das Unternehmen unerlässlich wichtigen Themas seine Mitwirkung an der Ausgestaltung einer betrieblichen Regelung verweigert.[98] Im entschiedenen Fall hatte der Betriebsrat eines Krankenhauses sich an der Dienstplangestaltung nicht mit eigenen Vorschlägen oder Anmerkungen beteiligt, sondern die vorgelegten Dienstpläne jeweils abgelehnt und das Unterlassen der Durchführung der ohne seine Zustimmung erstellten Dienstpläne verlangt. Diese Entscheidung des BAG ist höchst problematisch, denn sie verpflichtet den Betriebsrat zu einem kooperativen Verhalten, das in § 87 Abs. 1 BetrVG nicht vorgesehen und möglicherweise den Interessen des Betriebsrats und der Belegschaft entgegensteht.[99] Will der Arbeitgeber eine schnelle Lösung finden, sieht das BetrVG hierfür Instrumente vor: nämlich die Anrufung und Durchführung der Einigungsstelle.

5. Mitbestimmung in wirtschaftlichen Angelegenheiten

a. Besonderes Informationsrecht/der Wirtschaftsausschuss

Besondere Form der Informationserteilung

Der Betriebsrat ist auch in wirtschaftlichen Angelegenheiten zu beteiligen. Teilweise stehen ihm hier sogar echte Mitbestimmungsrechte zur Seite. Grundsätzlich ist es so, dass es in diesem Bereich eine besondere Form der Informationserteilung durch den Arbeitgeber gegenüber einem eigenen Gremium gibt. In Unternehmen mit mehr als 100 Beschäftigten hat der Betriebsrat einen **Wirtschaftsausschuss** zu bilden (§ 106 BetrVG).

98 BAG 12.3.2019 – 1 ABR 42/17.

99 Siehe hierzu Helm/Seebacher: »Ohne Kooperation kein Unterlassungsanspruch« in »Arbeitsrecht im Betrieb« 9/2019, Seite 47ff.

Begriffserklärung:
Der **Wirtschaftsausschuss** ist ein Hilfsgremium für den Betriebsrat, der ihn in wirtschaftlichen Angelegenheiten beraten soll.

Näheres zum Wirtschaftsausschuss in Band 8

Gegenüber diesem Gremium bestehen für den Arbeitgeber besondere Informationspflichten, die er regelmäßig einmal pro Monat erfüllen muss (§ 108 BetrVG). Das BetrVG schreibt den Inhalt der Informationen vor. In § 106 Abs. 3 BetrVG sind die Themen beschrieben, über die der Arbeitgeber regelmäßig zu informieren hat, und zwar unter Vorlage entsprechender Unterlagen. Diese Informationen über die wirtschaftlichen Angelegenheiten hat er darüber hinaus mit dem Wirtschaftsausschuss zu beraten. Dieser muss die Informationen und das Ergebnis der Beratung unverzüglich dem Betriebsrat bzw. dem Gesamtbetriebsrat bekannt geben (§ 106 Abs. 4 BetrVG). Wie der Wirtschaftsausschuss gebildet wird, wie er agiert und wie Betriebsrat und Wirtschaftsausschuss gut zusammenarbeiten, ist ausführlich in Band 8 dieser Buchreihe beschrieben (Näheres zu der Buchreihe auf Seite 2).
In kleineren Betrieben mit bis zu 100 Beschäftigten kann kein Wirtschaftsausschuss gebildet werden. Dies hat zur Folge, dass die speziellen Informationsrechte nach §§ 106ff. BetrVG dort nicht gelten. Die Betriebsräte in kleineren Betrieben sind in Bezug auf die (betriebs-)wirtschaftlichen Informationen damit auf den allgemeinen Informationsanspruch nach § 80 Abs. 2 BetrVG zurückgeworfen. Das bedeutet, dass sie nur dann Anspruch auf solche Informationen haben, wenn diese für die Erledigung konkreter Aufgaben im Einzelfall erforderlich sind. Das kann z. B. dann der Fall sein, wenn der Arbeitgeber behauptet, er könne aufgrund der wirtschaftlichen Situation bestimmte Maßnahmen des Gesundheitsschutzes nicht finanzieren.

b. Betriebsänderung

§ 111 BetrVG

Führt der Arbeitgeber eine Betriebsänderung durch, so ist der Betriebsrat vor deren Umsetzung umfassend zu beteiligen. Das gilt nur in Unternehmen mit mehr als 20 Beschäftigten. Was eine Betriebsänderung ist, ergibt sich aus § 111 BetrVG.

Begriffserklärung:
Eine **Betriebsänderung** liegt vor, wenn durch Maßnahmen des Arbeitgebers wesentliche Nachteile (wirtschaftlicher, rechtlicher, sozialer oder immaterieller Art) für die Beschäftigten entstehen können. Unter einer Be-

triebsänderung sind damit allgemein Maßnahmen des Arbeitgebers mit Auswirkungen auf den Betrieb zu verstehen, die zu Nachteilen für die Beschäftigten führen können.

Das Gesetz führt insgesamt **fünf Beispiele** auf, bei deren Vorliegen immer davon ausgegangen wird, dass Nachteile entstehen. Liegt einer der genannten Fälle vor, ist daher immer von einer Betriebsänderung auszugehen. Diese sind folgende:

§ 111 Satz 3 BetrVG

- **Nr. 1:** Einschränkung oder Stilllegung des ganzen Betriebs oder wesentlicher Betriebsteile;
- **Nr. 2:** Verlegung des Betriebs oder wesentlicher Betriebsteile;
- **Nr. 3:** Zusammenschluss von Betrieben oder die Spaltung von Betrieben;
- **Nr. 4:** grundlegende Änderung der Betriebsorganisation, des Betriebszwecks oder der Betriebsanlagen;
- **Nr. 5:** Einführung grundlegend neuer Arbeitsmethoden und Fertigungsverfahren.

Wesentlicher Betriebsteil

In den ersten beiden Fällen ist eine Betriebsänderung nicht nur dann gegeben, wenn der ganze Betrieb betroffen ist, sondern auch dann, wenn ein wesentlicher Teil von der Entscheidung des Arbeitgebers erfasst ist. Um zu ermitteln, ob bei einer **Teilstilllegung oder -verlagerung** ein wesentlicher Betriebsteil betroffen ist, wird darauf abgestellt, wie viele Beschäftigte auf Grund der Maßnahme ihren Arbeitsplatz verlieren oder versetzt werden. Dabei wird die Zahlenstaffel des § 17 KSchG herangezogen.[100] Es gilt folgende Staffel:

Anzahl der beschäftigten Arbeitnehmer	Anzahl der betroffenen Arbeitnehmer
21 bis 59	mindestens 6
60 bis 499	10 % oder aber mehr als 25
mehr als 500	mindestens 30
mehr als 600	mindestens 5 %

In den Fällen einer Teilstilllegung oder -verlagerung wird also die Anzahl der betroffenen Beschäftigten in Bezug genommen, um festzustellen, ob eine Betriebsänderung vorliegt. In den anderen drei in § 111 BetrVG

100 Ständige Rechtsprechung des BAG, z. B. 9. 11. 2010 – 1 AZR 708/09.

genannten Fällen kommt es nicht auf die Anzahl der betroffenen Beschäftigten an, sondern allein auf die Art und Weise der betrieblichen Veränderungen.

Beispiel:
Wird ein Betriebsteil abgespalten, in dem nur vier Beschäftigte tätig sind, ist dennoch von einer Betriebsänderung auszugehen, da ein Fall der Nr. 3 vorliegt, der unabhängig von der Anzahl der Beschäftigten immer eine Betriebsänderung darstellt.

c. Interessenausgleich und Sozialplan

Liegt eine Betriebsänderung vor, hat der Arbeitgeber den Betriebsrat zunächst umfassend unter Vorlage von Unterlagen über die geplante Maßnahme zu informieren. § 112 BetrVG

Dem Arbeitgeber obliegt eine umfassende Informationspflicht. !

Dies hat **vor der Umsetzung** der Maßnahme zu erfolgen. Eine nachträgliche Information genügt nicht. Die Informationen haben sich dabei nicht nur auf die Auswirkungen der Maßnahme für die betroffenen Beschäftigten zu beschränken, sondern beziehen sich auch auf die betriebswirtschaftlichen Hintergründe der Entscheidung sowie deren betriebswirtschaftliche Zielsetzung.
Mit dieser Informationserteilung hat der Arbeitgeber seine Verpflichtung gegenüber dem Betriebsrat jedoch keineswegs erfüllt. Darüber hinaus muss er mit dem Betriebsrat einen **Interessenausgleich** und in der Regel einen **Sozialplan** verhandeln. Es sind also zwei verschiedene Vereinbarungen auszuhandeln. Dies ergibt sich aus § 112 BetrVG, der diese beiden Vereinbarungen nennt. Beide haben unterschiedliche Themen zum Gegenstand:

Begriffserklärung:
Der **Interessenausgleich** bezieht sich auf die Beschreibung der betriebsändernden Maßnahme. Er beschreibt das Ob, das Wann und das Wie der Betriebsänderung mit den Auswirkungen für die Beschäftigten. Dort wird also niedergelegt, welche konkreten Maßnahmen durchgeführt und zu welchem Zeitpunkt diese umgesetzt werden. Es ist damit z. B. konkret zu vereinbaren, wann welche Abteilung schließt und wann daher welche Tätigkeiten und Arbeitsplätze entfallen. Ferner wird beschrieben wie viele Beschäftigte und konkret wie sie betroffen sind (also wie viele Kündigungen Interessenausgleich

oder Versetzungen ausgesprochen werden und zu welchen Zeitpunkten dies erfolgt).

Begriffserklärung:

Sozialplan

Im **Sozialplan** werden hingegen Instrumente vereinbart, die die wirtschaftlichen Nachteile der betroffenen Beschäftigten abmildern sollen (§ 112 Abs. 1 Satz 2 BetrVG). Im Sozialplan finden sich z. B. Regelungen über Abfindungen, über die Errichtung einer Transfergesellschaft, über Fahrtkostenzuschüsse, über Qualifizierungsmaßnahmen und anderes.

Damit beschreibt der Interessenausgleich das, was im Betrieb auf Grund der vom Arbeitgeber getroffenen Entscheidung passieren wird, der Sozialplan enthält die Ansprüche, die den betroffenen Beschäftigten zur Milderung der aus der Betriebsänderung entstehenden wirtschaftlichen Nachteile gewährt werden.

Hinweis:

Obwohl damit sowohl der Interessenausgleich als auch der Sozialplan mit der Betriebsänderung zusammenhängen, ist das Beteiligungsrecht in Bezug auf diese beiden Instrumente unterschiedlich ausgestaltet.

d. Verhandlungspflicht über den Interessenausgleich

§ 111 Satz 1 BetrVG

In Bezug auf den Interessenausgleich muss der Arbeitgeber den Betriebsrat zunächst – wie bereits aufgezeigt – umfassend unterrichten. Die Informationen müssen so ausführlich sein, dass es dem Betriebsrat möglich ist, die geplanten Maßnahmen zu bewerten und alternative Umsetzungsmaßnahmen vorzuschlagen.

Der Arbeitgeber muss den Betriebsrat nicht nur informieren, er muss mit ihm auch über das Ob und das Ausmaß der Maßnahmen sowie über deren zeitlichen Ablauf beraten (§ 111 Satz 1 BetrVG). Der Arbeitgeber muss sich ernsthaft mit Gegenvorschlägen des Betriebsrats auseinandersetzen, diese wiederum bewerten und anhand dessen seine Entscheidung nochmals überprüfen.

§ 112 Abs. 2 Satz 1 BetrVG

Die Beratungen sind zunächst innerbetrieblich zu führen. Kommt eine innerbetriebliche Einigung nicht zustande, können die Betriebsparteien die **Agentur für Arbeit um Vermittlung** ersuchen (§ 112 Abs. 2 Satz 1 BetrVG). Das kommt nicht häufig vor, aber es kommt vor. Die Heranziehung der Agentur für Arbeit ist keine Verpflichtung, sie ist lediglich eine Möglichkeit, neue Ideen und Überlegungen in die Gespräche einzubringen, um eine Vereinbarung über den Interessenausgleich zu ermöglichen. Unterbleibt sie oder ist auch dieser Vermittlungsversuch ergebnislos, kann der Arbeitgeber die Maßnahme noch nicht umsetzen. Das BetrVG verpflichtet den Arbeitgeber, eine Einigung über den Interessenausgleich in einer **Einigungsstelle** zu versuchen. Dort müssen beide Betriebsparteien Vorschläge unterbreiten, wie es doch noch zu einer Einigung über den Interessenausgleich kommen kann. Erst wenn auch in der Einigungsstelle unter Vorsitz einer neutralen Person (in der Regel einer Richterin oder eines Richters) keine Einigung über den Interessenausgleich erzielt werden konnte, darf der Arbeitgeber mit der Umsetzung der Maßnahme beginnen, d.h. die Kündigungen der Arbeitsverhältnisse auszusprechen oder die Maschinen abzubauen.

§ 112 Abs. 3 und 4 BetrVG

Wird der § 112 Abs. 3 und 4 BetrVG genau gelesen, ist erkennbar, dass die Einigungsstelle **keinen Spruch** über den Interessenausgleich treffen kann. In Bezug auf den Interessenausgleich besteht also kein echtes Mitbestimmungsrecht.

Qualifiziertes Beratungsrecht

Dem Betriebsrat steht diesbezüglich ein **qualifiziertes Beratungsrecht** zu. Qualifiziert deshalb, weil das BetrVG vorsieht, dass eine Einigung mit allen im kollektiven Arbeitsrecht zur Verfügung stehenden Mitteln bis hin in die Einigungsstelle versucht werden muss.

!

Für die Verhandlungen ist zu beachten, dass der Arbeitgeber die Maßnahme erst umsetzen darf, wenn entweder ein Interessenausgleich vereinbart wurde oder wenn die Verhandlungen über den Interessenausgleich in der Einigungsstelle gescheitert sind.

e. Mitbestimmungsrecht beim Sozialplan

Umfassende Informations- und Beratungspflicht

Anders ist die Rechtslage beim Sozialplan. Auch diesbezüglich besteht eine umfassende Informationspflicht des Arbeitgebers. Das Beratungsrecht ist genau so ausgestaltet wie beim Interessenausgleich. Auch hinsichtlich des Sozialplans müssen zunächst **innerbetriebliche Verhandlungen** geführt werden. Erst wenn diese nicht zu einer Einigung führen, dürfen die Verhandlungen in einer Einigungsstelle fortgesetzt werden.

!

In der Einigungsstelle ändert sich die Reichweite der Beteiligungsmöglichkeit des Betriebsrats: Kommt auch dort eine Einigung über den Sozialplan nicht zustande, ersetzt der Spruch der Einigungsstelle die fehlende Einigung zwischen Betriebsrat und Arbeitgeber (§ 112 Abs. 4 BetrVG). Das bedeutet, dass dem Betriebsrat ein echtes Mitbestimmungsrecht in Bezug auf den Sozialplan zusteht.

Wegen dieser Möglichkeit der Mitbestimmung wird der Sozialplan als **erzwingbar** bezeichnet. Denn liegt eine Betriebsänderung vor, wird als Ergebnis der Verhandlungen nicht unbedingt ein Interessenausgleich stehen (denn dieser setzt immer eine Einigung der Betriebsparteien voraus), wohl aber ein Sozialplan, denn dieser kann durch Spruch der Einigungsstelle aufgestellt werden. Ansprüche der Beschäftigten zur Milderung der durch die Betriebsänderung entstehenden Nachteile werden am Ende des Beratungsprozesses aufgestellt.

Ausnahme:
Hiervon gibt es nur eine rechtliche Ausnahme: wenn die Betriebsänderung allein in Form von Entlassungen von Beschäftigten durchgeführt wird (es also zu keiner Versetzung kommt) und die angehobenen Schwellenwerte des § 112a BetrVG nicht erfüllt werden. Nur in diesem Fall ist ausnahmsweise auch der Sozialplan nicht erzwingbar, also nicht durch Spruch der Einigungsstelle aufstellbar. Diese Ausnahme gilt auch in den ersten vier Jahren einer Unternehmensneugründung (§ 112a Abs. 2 BetrVG).

f. Handhabung der Beteiligungsrechte

Hilfe von Gewerkschaft, Sachverständigen und Beratern

Die Handhabung dieser beiden verschiedenen Beteiligungsrechte in Bezug auf den Interessenausgleich einerseits und den Sozialplan andererseits, ist nicht ganz leicht und bedarf einer guten Vorbereitung und Verhandlungsführung. Insbesondere muss darauf geachtet werden, dass die Verhandlungen zu den beiden Vereinbarungen nicht voneinander abgekoppelt und getrennt werden. Da dies nicht ganz leicht ist, kann der Betriebsrat sich Hilfe bei der Gewerkschaft holen sowie betriebswirtschaftliche und juristische Sachverständige gemäß § 80 Abs. 3 BetrVG und/oder Berater gemäß § 111 Satz 2 BetrVG hinzuziehen. Ferner muss der Betriebsrat immer überlegen, wie er die Belegschaft in solche Verhandlungen einbindet und welche Form von Öffentlichkeitsarbeit er macht.

g. Handlungsmöglichkeiten bei Verstoß gegen die Beteiligungsrechte

Unterlassungsanspruch des Betriebsrats

Kompliziert wird es, wenn der Arbeitgeber diese Beteiligungsrechte missachtet und die Maßnahmen umsetzt, ohne den Betriebsrat informiert und mit ihm beraten zu haben oder wenn er hiermit während der laufenden Verhandlungen beginnt.

Beispiel:
Das ist der Fall, wenn der Arbeitgeber bereits Arbeitsmittel und/oder Maschinen verlagert oder Kündigungen von Arbeitsverhältnissen ausspricht, noch bevor die Einigungsstelle getagt hat oder ohne den Betriebsrat hierüber informiert zu haben.

Dann stellt sich die Frage, ob und wie der Betriebsrat dies verhindern kann, jedenfalls so lange bis die Verhandlungen zum **Interessenausgleich** abgeschlossen sind. Diese Frage wird nicht von allen Landesarbeitsgerichten gleich beantwortet. Richtigerweise muss dem Betriebsrat in solchen Fällen ein **Unterlassungsanspruch** zugestanden werden. Der Betriebsrat muss die Möglichkeit haben, mit Hilfe des Arbeitsgerichts im Wege eines Eilverfahrens (sogenannte einstweilige Verfügung) dem Arbeitgeber den Ausspruch der Kündigungen oder den Abbau der Maschinen zu untersagen. Ohne diese Möglichkeit könnte der Betriebsrat das ihm zustehende qualifizierte Beratungsrecht nicht sicherstellen.

Hinweis:
Nicht nur das BetrVG, sondern auch die EU-Richtlinie über die Unterrichtung und Anhörung der Arbeitnehmer[101] verpflichtet den Arbeitgeber zur vorherigen Beteiligung, und die Mitgliedstaaten dazu, Regelungen zur Verfügung zu stellen, die dieses Beteiligungsrecht effektiv sicherstellen.

Kann der Betriebsrat die Umsetzung der Betriebsänderung vor Abschluss der Verhandlungen in der Einigungsstelle nicht verhindern, läuft sein qualifiziertes Beratungsrecht ins Leere.

Hinweis:
Trotz dieser erheblichen Einwände gibt es immer noch einige Landesarbeitsgerichte, die dem Betriebsrat keine Möglichkeit einräumen, die Umsetzung der Maßnahme vor Abschluss der Verhandlungen gerichtlich zu verhindern. Dort wo das so ist, dürfen Betriebsräte dennoch nicht auf ihr Beteiligungsrecht verzichten und müssen dieses aktiv einfordern, um sicherzustellen, dass der Verhandlungsanspruch nicht ins Leere läuft.

In Bezug auf den **Sozialplan** ist die Durchsetzung des Mitbestimmungsrechts leichter, denn der Betriebsrat kann die Einigungsstelle anrufen

101 EU-Richtlinie RL 2002/14/EG zur Festlegung eines allgemeinen Rahmens über die Anhörung und Unterrichtung von Arbeitnehmern.

und so den Arbeitgeber zwingen, über die Ansprüche auf Milderung der den Beschäftigten entstehenden Nachteile zu verhandeln. Der Betriebsrat kann zudem einen Spruch der Einigungsstelle herbeiführen, denn dieser ist – wie oben ausgeführt – erzwingbar.

Anhang 1
Übersicht zu den Beteiligungsrechten des Betriebsrats

Beteiligungsform	Gegenstand	§ des BetrVG
Information	• personelle Veränderung leitender Angestellter	105
Anhörung	• Kündigung	102 Abs. 1
Information und Beratung	• Baumaßnahmen/Arbeitsplatzgestaltung • Personalplanung • Betriebsänderung • Beschäftigungssicherung	90 92 111 92a
folgenbezogene, korrigierende Mitbestimmung = kein Einfluss auf die Maßnahme, sondern nur Folgemilderung	• menschengerechte Gestaltung der Arbeit • Sozialplan	91 112 Abs. 2
gebundene Mitbestimmung = Zustimmungsverweigerung nur mit bestimmten Gründen	• Einstellung, Versetzung, Eingruppierung	99
reaktive Mitbestimmung = Mitbestimmung mit Einigungsstelle nur, wenn Arbeitgeber die Maßnahme anstrebt	• Personalfragebogen • Auswahlrichtlinien (bis zu 500 Arbeitnehmer)	94 95 Abs. 1
initiative Mitbestimmung = Betriebsrat kann initiativ werden, erforderlichenfalls Einigungsstelle	• Arbeitnehmerbeschwerde • soziale Angelegenheiten • Berufsbildung • betriebliche Bildungsmaßnahmen • Auswahlrichtlinien (mehr als 500 Arbeitnehmer) • Sozialplan	85 87 96 98 95 Abs. 2 112 Abs. 2

Quelle:
Kittner: Arbeits- und Sozialordnung, 51. Auflage 2026, Übersicht 31.

Anhang 2
Merkliste zu den Beratungsrechten

Im Rahmen der Beratungsrechte hat der Arbeitgeber den Betriebsrat vor der Umsetzung einer Maßnahme umfassend zu informieren.

- Er muss sich mit ihm beraten, in dem er über dessen Vorschläge diskutiert und verhandelt.
- Der Betriebsrat kann im Ergebnis den Arbeitgeber aber nicht zwingen oder anhalten, seine Vorschläge umzusetzen.
- Dennoch müssen Betriebsräte diese Rechte ernst nehmen und klug einsetzen, denn sie bieten ihnen die Möglichkeit, Themen auf die Agenda zu setzen und den Arbeitgeber zumindest mit den Vorstellungen des Betriebsrats zu konfrontieren. Der Arbeitgeber kann auf diese Weise in einen Rechtfertigungs- und Begründungsdruck gebracht werden, der Grundlage für weitere Gespräche sein kann.

Anhang 3
Ablaufschema bei Einstellung und Versetzung

Anhörung des Betriebsrats nach § 99 BetrVG	►	Betriebsrat stimmt zu
↓		
Betriebsrat widerspricht innerhalb der 7-Tage-Frist	►	Arbeitgeber beantragt beim Arbeitsgericht die Zustimmung des Betriebsrats zu ersetzen
↓		
Arbeitgeber beantragt eine vorläufige personelle Maßnahme (EILGRUND)	►	Betriebsrat stimmt der Eilmaßnahme zu
↓		
Betriebsrat widerspricht dem Eilgrund unverzüglich		
↓		
Arbeitgeber leitet Beschlussverfahren innerhalb von 3 Tagen beim Arbeitsgericht ein	►	Gericht ersetzt Zustimmung
↓		
Gericht ersetzt die Zustimmung nicht, die Maßnahme ist innerhalb von 14 Tagen aufzuheben		

Anhang 4
Merkliste zu den Zustimmungsverweigerungsrechten

- Der Arbeitgeber muss den Betriebsrat vor jeder Einstellung, Versetzung, Ein- und Umgruppierung anhören.
- Dazu muss er ihm alle erforderlichen Informationen zukommen lassen und ihn um Zustimmung bitten.
- Der Betriebsrat hat eine Woche Zeit, seine Zustimmung schriftlich unter Angabe von Gründen zu verweigern. Dabei muss mindestens einer der im Gesetz genannten Gründe vorliegen.
- Der Betriebsrat darf nicht nur die gesetzlichen Gründe abschreiben, sondern muss die Tatsachen aufzählen, die das Vorliegen des jeweiligen Grunds rechtfertigen.
- Verweigert der Betriebsrat seine Zustimmung, muss der Arbeitgeber ein Zustimmungsersetzungsverfahren vor dem Arbeitsgericht durchführen, wenn er die Maßnahme umsetzen will.
- Der Arbeitgeber kann gleichzeitig die vorläufige Durchführung der Maßnahme beim Betriebsrat beantragen. Der Betriebsrat muss daraufhin die Dringlichkeit unverzüglich, also so schnell wie möglich, bestreiten. Dann muss der Arbeitgeber innerhalb von drei Tagen beim Arbeitsgericht die Zustimmung des Betriebsrats ersetzen lassen. Tut er dies nicht oder beteiligt er den Betriebsrat gar nicht, hat der Betriebsrat die Möglichkeit, die Maßnahme aufheben zu lassen. Hierzu muss der Betriebsrat beim Arbeitsgericht ein Verfahren einleiten.

Anhang 5
Merkliste zum Anhörungsrecht bei Kündigungen

- Der Betriebsrat ist vor **jeder** Kündigung vom Arbeitgeber anzuhören. Er hat das Recht einerseits Bedenken zu äußern und andererseits der Kündigung zu widersprechen. Einen Widerspruch kann er aber nur in Fällen der ordentlichen Kündigung erklären.
- Die Bedenken und der Widerspruch müssen innerhalb der vorgesehenen Frist geäußert werden. Bei einer außerordentlichen Kündigung beträgt diese drei Tage, bei einer ordentlichen eine Woche.
- Bedenken und Widerspruch müssen schriftlich erfolgen. Der Widerspruch muss zusätzlich begründet sein, das bedeutet, dass einer der im Gesetz genannten Gründe (§ 102 Abs. 3 BetrVG) vorliegen muss. Allerdings darf der Betriebsrat das Gesetz nicht einfach abschreiben, sondern muss die persönlichen und betrieblichen Tatsachen, weshalb einer der Gründe im konkreten Kündigungsfall vorliegt, konkret benennen.
- Durch das Äußern von Bedenken oder Fertigen eines Widerspruchs kann der Betriebsrat die Kündigung nicht verhindern. Widerspricht der Betriebsrat, dann steht den Beschäftigten aber ein Weiterbeschäftigungsanspruch bis zum Abschluss des Kündigungsschutzverfahrens zu.

Anhang 6
Merkliste zu den Mitbestimmungsrechten

- Steht dem Betriebsrat ein echtes Mitbestimmungsrecht zur Seite, darf der Arbeitgeber keine Maßnahme ohne Zustimmung des Betriebsrats durchführen.
- Die Zustimmung muss ausdrücklich erteilt werden, ein Schweigen gilt nicht als Zustimmung. Es braucht immer einen Beschluss des Betriebsrats.
- In welcher Form die Zustimmung erteilt wird, hängt davon ab, worum es geht. Die häufigste Form ist der Abschluss einer Betriebsvereinbarung.
- Bei vielen Themen der echten Mitbestimmung steht dem Betriebsrat ein Initiativrecht zu, d. h. er kann von sich aus Vorschläge machen und diese durchsetzen.
- Im Bereich der wirtschaftlichen Angelegenheiten stehen dem Betriebsrat unterschiedliche Beteiligungsrechte zu, die von einem qualifizierten Beratungsrecht beim Interessenausgleich bis zur echten Mitbestimmung beim Sozialplan reichen.

Stichwortverzeichnis